HISTOIRE

DE LA

CARICATURE

ANTIQUE

PARIS. — IMP. SIMON RAÇON ET COMP., RUE D'ERFURTH, 1.

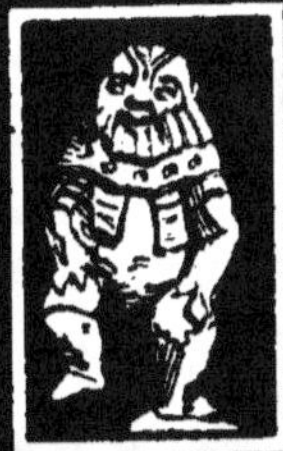
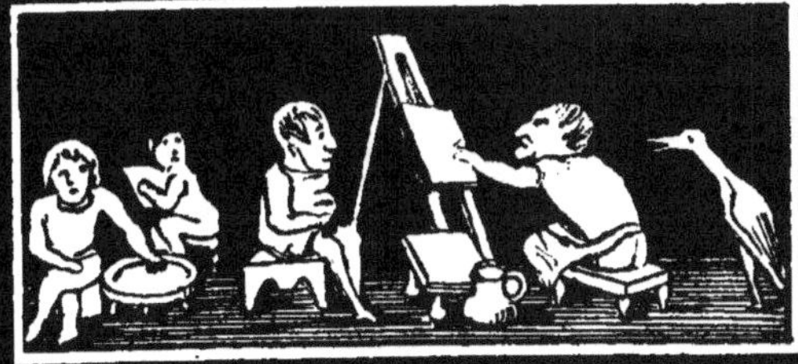
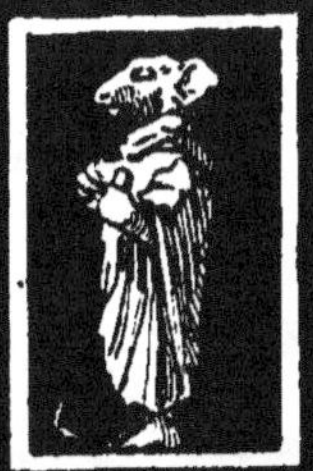
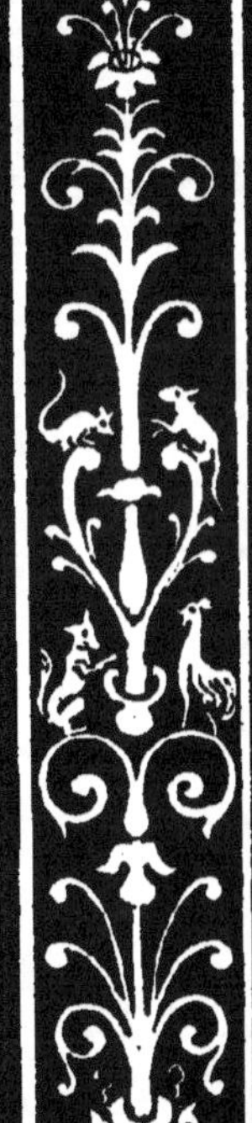

HISTOIRE

DE LA

Caricature

ANTIQUE

PAR

Champfleury

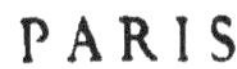

PARIS

E. DENTU, ÉDITEUR

Libraire de la Société des gens de lettres

PALAIS-ROYAL — GALERIE D'ORLÉANS

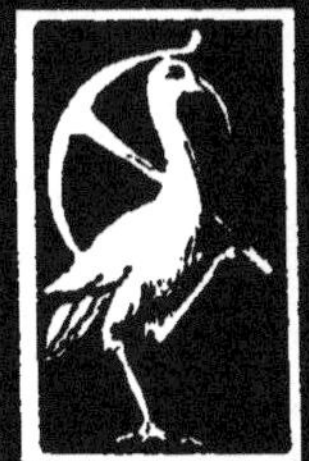
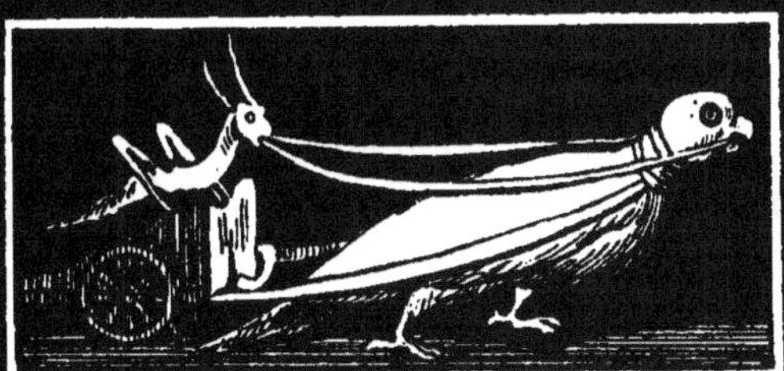
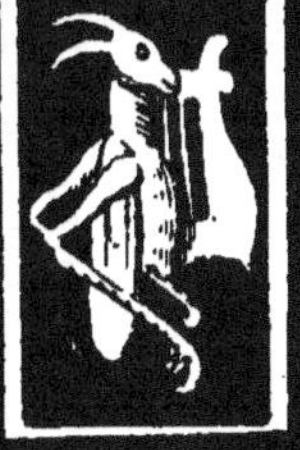

A MONSIEUR

PHILARÈTE CHASLES

PROFESSEUR AU COLLÉGE DE FRANCE

Il y a bientôt vingt ans, monsieur et ami, que je suivais vos cours au Collége de France, affamé de connaître les grandes conceptions de l'Orient et de l'Occident, du Nord et du Midi, de l'Angleterre et de l'Espagne, de l'Allemagne et de l'Italie.

Votre enseignement bizarre (il manquait de pédantisme), étrange (les idées étaient enveloppées d'esprit), m'ouvrit plus d'une voie, et tour à tour je me passionnai pour diverses figures poétiques de l'étranger dont vous aviez l'art de tracer rapidement un net et fin profil.

Mais ce qui m'intéressait par-dessus tout était la sympathie que vous portiez à quelques humoristes méconnus, de ceux qui, manquant de respect pour l'humanité et en montrant les grimaces, sont nécessairement exclus des almanachs de Gotha de la littérature.

L'indépendance de ces esprits railleurs me frappa particulièrement, car vous ne manquiez pas d'insister sur cette belle et rare qualité dont vous faisiez la première règle de l'écrivain.

*Je n'ai pas perdu le souvenir de ces leçons, monsieur et ami. Entre les diverses causes qui m'ont poussé à écrire l'*Histoire de la Caricature dans l'antiquité*, votre enseignement doit tenir une des premières places, et si le peu de loisir que laissent les lettres me permettait d'assister à vos leçons de 1865, j'y retrouverais certainement, comme en 1845, la jeunesse attentive que vous vous efforcez de convertir au culte de la personnalité et au respect pour l'intelligence.*

PRÉFACE

Il est des natures singulièrement organisées qui sont plus vivement impressionnées par la peinture que par l'imprimerie, par le tableau que par le livre. Un simple trait de crayon leur en apprend presque autant que l'histoire. La vie d'un peuple, ses coutumes, sa vie sociale et privée, ils l'entrevoient d'abord par une fresque, une statue, une pierre gravée, un fragment de mosaïque, sauf à chercher plus tard la preuve dans les livres.

Un de ces hommes me disait qu'ayant été élevé dans une petite ville, sur une montagne qui dominait une immense étendue de collines et de vallées, il avait vécu vingt ans sans s'inquiéter des arbres et des plantes, jusqu'à ce qu'il y fût ramené par l'étude des paysagistes modernes. L'un lui fit comprendre les gaies prairies de la Normandie, l'autre les brumes poétiques du matin; celui-ci l'initia aux vertes beautés des bois touffus, celui-là au calme bleu de la Méditerranée. Enfin, un jour le voile qui recouvrait la nature se déchira à ses yeux : élevé à l'école des peintres, il comprit le charme de la campagne. Il avait fait son éducation par les images.

Cette éducation en vaut une autre. C'est la mienne. Attiré par quelques rares monuments de l'antiquité bien éloignés du fameux *Beau* classique, qui, mal enseigné dans l'enfance, laisse pour longtemps une sorte de terreur dans l'esprit, j'ai entrepris le présent livre sans me douter de l'énorme tâche dont chaque jour augmentait la difficulté.

Les honorables sympathies que m'ont values les articles publiés dans la *Gazette des Beaux-Arts* m'encouragèrent dans ces études difficiles. Ce ne furent d'abord que de simples notes que je soumettais au public, comme un botaniste qui rapporte des fleurs entassées sans ordre, en attendant qu'il dispose ces fleurs en herbier.

Après avoir beaucoup vu, beaucoup lu, beaucoup interrogé, il en est résulté pour moi la certitude qu'une Histoire de la Caricature dans l'antiquité était difficile.

C'est pourquoi je l'ai essayée.

L'inconnu m'attire, et, sans me demander si d'autres ont la même curiosité, j'étudie d'abord pour mon plaisir, sauf à livrer plus tard au public la partie la moins aride de ces recherches.

Cependant, à mesure que j'avançais dans mon travail, je rencontrai d'autres esprits curieux qui, par échappées, avaient indiqué l'importance du sujet.

On doit le premier coup d'œil sur cette nouvelle antiquité à un aimable conteur. Wieland, poëte, romancier, critique et professeur, après avoir dramatisé les mœurs anciennes dans des romans peu lus aujourd'hui (*Agathon*, *Musarion*, *Cratès* et *Hippurquie*, etc.), le doux philosophe Wieland eut l'idée que l'art antique n'était pas seulement celui que prêchait Winckelmann, et que les anciens avaient connu la caricature. Il en résulta, avec une légère pointe de raillerie contre le fameux historien du Beau, un article dans le *Mercure allemand*, sur la peinture grotesque chez les Grecs.

« Voici, disait Wieland, une assertion qui paraîtra une hérésie à certaines gens, car, depuis que Winckelmann donne le ton chez nous, et qu'il a tant écrit sur le Beau idéal, et sur l'Art chez les Grecs, et sur les Lois éternelles du Beau qu'on remarquait dans toutes leurs œuvres, beaucoup de gens ont conçu une fausse idée de l'art de la peinture chez les Grecs, et ne sauraient s'imaginer que, depuis le temps de

Cimabué et de Van Eyck, il n'a pas existé dans l'école moderne un seul maître de quelque réputation qui n'ait eu son pareil dans l'ancienne Grèce. Cependant, comme je l'annonce, elle eut même ses grotesques. »

Et Wieland, s'appuyant sur les textes de Pline, montrait que l'antiquité avait eu des peintres de mœurs, des paysagistes, des peintres de nature morte et des peintres de grotesque. Dans la *Politique* d'Aristote, le mot χεῖρους ne pouvait, suivant Wieland, être traduit que par le mot *caricature*.

Il y a bientôt un siècle que fut publié cet article qui dut intéresser les Athéniens de Weimar. On le tire de la poussière aujourd'hui. Le docteur Schnaase[1] va contre l'art grotesque chez les Grecs ; il trouve faibles les raisons de Wieland. Pourquoi ne pas dire faibles les raisons d'Aristote et de Pline?

[1] Auteur d'une volumineuse *Histoire de l'Art*, qu'on traduit sous ses yeux à Dusseldorf.

Les arts marchent côte à côte et font pendant pour ainsi dire. En regard de Sophocle, Phidias. La niche en face de la statue d'Aristophane restera-t-elle vide? Qui fera vis-à-vis à Lucien? Il s'est trouvé de grands satyriques qui ne respectaient ni les dieux ni les hommes, et leurs hardiesses n'auront pas fait tailler de hardis crayons!

Presque en même temps que Wieland, le comte de Caylus, qui, mieux que le conteur germanique, connaissait l'antiquité par ses monuments, eut aussi le soupçon de l'art satyrique.

Deux brochures modernes, signées Charles Lenormant et Panofka, ont confirmé l'opinion de Wieland et de Caylus.

Dans une thèse latine soutenue en Sorbonne par M. Charles Lenormant, le jeune érudit joignait à son commentaire sur le *Banquet* de Platon de précieuses notes relatives au comique. Qu'on ne partage pas toutes les vues de M. Lenormant, qu'on combatte son système de rattacher tout monument de l'art antique à un symbolisme religieux enveloppé de mystères, il faut lui rendre cette justice qu'il a cherché, étudié, un peu trop creusé peut-être vers la fin de sa vie; mais l'érudition lui est redevable de nombreuses trouvailles.

Panofka, préoccupé d'éclaircir le sens satyrique de symboles mystiques se profilant en noir sur l'ocre de certains vases grecs, ne donna malheureusement qu'un mémoire trop restreint.

L'érudit berlinois, si versé dans l'antiquité, eût pu étendre de beaucoup ses recherches; il s'est appesanti sur des sujets d'une parodie douteuse et a négligé nombre de peintures grotesques que mieux qu'un autre il eût été à même d'élucider : pourtant sa brochure fait comprendre l'importance de la matière.

Plusieurs savants que je questionnai me vinrent en aide. M. de Longpérier, par les preuves nombreuses qu'il voulut bien me signaler, me donna, pour ainsi dire, l'outillage; et si ces études sur le comique sont encore bien incomplètes, je n'en dois pas moins reconnaître la bienveillance dont, au début de ces études, m'a honoré l'éminent et spirituel membre de l'Académie des inscriptions.

Étant médiocrement érudit, et les aspirations à la science ne suffisant pas dans ces recherches auxquelles on pourrait consacrer sa vie tout entière, pour ce qui touche la mystérieuse Égypte j'ai dû m'adresser à des égyptologues, et je dois dire combien en France le véritable savant s'empresse de faire profiter de ses trésors tout homme qui fait seulement preuve de bonne volonté.

Aussi ai-je à remercier M. Théodule Devéria, conservateur au musée du Louvre, qui, sitôt que je lui fis part de la crainte que j'avais de ne pas interpréter assez savamment les figures des papyrus égyptiens satyriques, s'empressa de m'envoyer des notes que j'insère dans toute leur intégrité; mais ces notes de la main du plus jeune des égyptologues européens, qui apporte dans une science si nouvelle la même ardeur que les célèbres artistes dont il porte le nom, auront une autorité qui ferait défaut à un romancier, plus habituellement occupé à déchiffrer des passions que des hiéroglyphes.

Car c'est encore un reproche qu'on pourrait faire à l'auteur de nombreux romans de s'être jeté de gaieté de cœur dans les aridités de l'archéologie.

Quand un champ a donné du sarrasin pendant quelques années, le paysan y sème de la luzerne; ailleurs le blé fait place au sainfoin. C'est la loi de l'alternance agricole applicable aux facultés intellectuelles.

Pour me délasser des romans, je prends de grands bains d'érudition, sauf à revenir plus tard à mes études d'après nature. Ainsi l'ont compris quelques savants que je consultais.

M. Edelestandt du Méril, le plus allemand des Français, qui ne hasarde aucune affirmation sans vingt preuves à l'appui, m'a également encouragé dans ces recherches ; et si j'ai eu la témérité de combattre les opinions d'hommes éminents, M. Charles Lenormant fils, en me communiquant le Mémoire important d'un père dont l'érudition déplore la perte, a prouvé que mon ardente curiosité et ma recherche de la vérité me servaient d'excuse.

Mais ce dont je suis surtout le plus reconnaissant aux divers hommes considérables que j'ai entretenus de mon projet, est de ne m'avoir pas montré tout d'abord les recherches que demandait un tel livre.

Il faut une forte dose d'ignorance pour tenter de pareils travaux : c'est se jeter à la mer sans savoir nager.

Citer l'énorme quantité de livres que j'ai consultés sans me noyer le cerveau, demanderait plusieurs feuilles d'impression. La majeure parlie des ouvrages sur l'antiquité, publiés en France et à l'étranger, a passé sous mes yeux, et j'en ai extrait ce qui me paraissait devoir donner la note la plus juste de la parodie antique [1].

Ce que nous appelons *grotesque* en détournant le mot de son sens primitif, j'ai essayé de l'expliquer par la naïveté des artistes et la familiarité qu'ils prêtaient à des sujets familiers : les trouvailles futures, l'antiquité plus profondément fouillée, montreront, non pas la valeur de mon système, car je n'ai pas de système, mais la valeur de mes inductions.

L'antiquité ne fut pas seulement noble et majestueuse; les poëtes satyriques le prouvent suffisamment.

Déchirer le voile qui cache le terre à terre de la vie antique peut sembler une profana-

[1] On me dispensera de citer des textes latins et grecs. Il n'y a pas de fait qui ne soit appuyé sur une preuve ; je le dis une fois pour toutes, renonçant au brevet d'érudition que donne un amas de notes

tion aux esprits avides d'idéal qui, ainsi compris, devient presque un frère de l'ignorance.

J'admire Plutarque et Sénèque; mais le récit des actions héroïques ne m'empêche pas de prêter une vive attention aux scènes de carnaval dont parle le conteur Athénée.

« Au milieu de toutes ces mascarades plaisantes, je vis aussi un ours apprivoisé qu'on portait dans une chaise, habillé en dame de qualité; un singe coiffé d'un bonnet brodé, vêtu d'une robe phrygienne de couleur de safran, représentait le jeune berger Ganymède et portait une coupe d'or; enfin, il y avait un âne sur le dos duquel on avait collé des plumes, et que suivait un vieillard tout cassé : c'était Pégase et Bellérophon; et tous deux formaient le couple le plus risible[1]. »

Voilà-t-il pas un véritable mardi gras sous les costumes baroques desquels se cachaient,

[1] Athénée, trad. Bétolaud, 1835-36, 4 vol. in-8°.

outre le ridicule prêté aux dieux, quelques personnalités piquantes?

Pour essayer d'expliquer ces travestissements railleurs, je sais ce qui a manqué au livre actuel : de longs voyages, l'achat de nombreux monuments, beaucoup d'argent, beaucoup de temps. Je ne me suis guère servi que de ce dernier collaborateur.

Embarqué dans un sujet si vaste, un commentateur eût passé sa vie à rassembler des notes, à éplucher des textes, et peut-être n'eût-il laissé en mourant que de volumineux dossiers, car l'érudition est le véritable tonneau des Danaïdes qu'un savant, rendu plus modeste encore par l'abus de la science, ne remplit jamais.

Je ne me suis pas conformé à cette prudente méthode; j'ai cherché un peu en courant (course qui n'a pas duré moins de cinq ans) les traces de l'ironie plastique dans l'antiquité, et jugeant que toute recherche doit aboutir, quelque incomplet que soit le présent ouvrage, je l'offre au public.

Si l'idée qui m'a soutenu pendant quelques années est digne d'être développée, je ne dis pas par un plus méritant, car la fausse modestie est aussi insupportable qu'une vanité chétive; si cette idée d'élucider quelques points obscurs de l'antiquité par la recherche de la parodie semble utile, peut-être un jour la reprendrai-je, jugeant, ainsi qu'un architecte épris de son œuvre, des parties faibles du monument, des niches vides et des statues qu'il est bon d'y placer.

HISTOIRE

DE LA

CARICATURE

ANTIQUE

I

LES ASSYRIENS ET LES ÉGYPTIENS ONT-ILS CONNU LE COMIQUE?

Telle est la question qui longtemps me préoccupa pendant que je parcourais les galeries du Louvre consacrées à l'art des Assyriens et des Égyptiens. Il y a, dans les manifestations sculpturales de ces deux peuples, une imposante grandeur sur laquelle il serait banal d'insister. Aucun art, peut-être, n'inspire davantage le respect que tous subissent, ignorants et curieux. De tels monuments commandent un silence mystérieux. Devant ces granits, solennels comme le lion accroupi dans le désert, la parole hésite.

Cet art majestueux et hiératique qui confond les

esprits frivoles, l'imagination se plaît à l'entourer d'une gravité qui ne se dément jamais; après avoir visité les musées assyriens et égyptiens, celui qui parcourrait immédiatement les galeries voisines consacrées aux petits chefs-d'œuvre de l'art flamand serait surpris, en en exceptant toutefois les grandeurs rembranesques, des étroits sentiers dans lesquels est entré l'homme moderne.

On n'a pas pénétré encore jusqu'au fond mystérieux de l'art égyptien. La science s'en occupe à peine depuis un siècle. La découverte des monuments assyriens date d'hier, et nous ignorons jusqu'où y a été poussée la représentation de l'homme et de son intérieur.

Qui n'a été attiré par des bas-reliefs du musée assyrien où sont représentées des scènes champêtres? Voilà un troupeau de chèvres qui, par leur accent de parfaite réalité, atteignent au naturalisme de nos sculpteurs contemporains. Ce troupeau jouit de l'honneur d'un bas-relief, comme les actions d'un roi puissant; ainsi les scènes de la vie domestique trouvaient leurs interprètes aussi bien que les combats et les hauts faits des dieux.

Si les Assyriens et les Égyptiens n'ont pas jugé inutile la représentation de l'homme et des animaux, pourquoi auraient-ils reculé devant le comique et le grotesque?

L'homme, de tout temps, a ri comme il a pleuré.

Il a souffert des grands, il a voulu s'en venger. Assyriens, Chinois, Persans, Grecs, Romains, Gaulois, Français, Allemands, Anglais, sont tous éprouvés par les mêmes passions. Qu'on lise l'admirable roman de *Yu-kia-o-li* ou *Gil Blas*, le *Charriot d'enfant* du roi Soudraka ou *Mercadet*, on retrouve dans l'Inde, en Chine comme en France, les mêmes vices, les mêmes joies et les mêmes chagrins.

La majesté du roi Sardanapale et des grands sphinx de Rhamsès ne m'empêche pas de reporter les yeux vers les habitudes domestiques des peuples assyriens et égyptiens ; et, quelle que soit l'imposante solennité que les statuaires de l'antiquité aient imprimée à leurs monolithes, j'attends les révélations de la science pour confirmer que les Assyriens et les Égyptiens ont ri de leurs maîtres et d'eux-mêmes, et qu'il s'est trouvé un ciseau et un pinceau pour consacrer ce sentiment du comique et de la raillerie.

Déjà Wilkinson[1] s'est attaché à rendre les mœurs familières du peuple égyptien ; et si la statue grecque de la *Femme ivre* dont parle Pline est perdue, on trouve trace de pareilles représentations dans les peintures égyptiennes :

« Ni l'usage du vin, dit Wilkinson, ni la jouissance des autres plaisirs n'étaient défendus aux

[1] Wilkinson, *Manners and customs of the ancient Egyptians*. Londres, 1837, 4 vol. in-8°.

femmes égyptiennes : c'est ce qui est évident d'après les fresques qui représentent leurs fêtes; mais les peintres, en les illustrant, ont quelquefois sacrifié leur galanterie à leur amour pour la caricature. Quelques-unes appellent des servantes pour les soutenir lorsqu'elles s'assoient; d'autres avec difficulté les empêchent de tomber sur celles qui sont derrière elles; une servante avec un geste de dégoût apporte un bassin; ces femmes ont des fleurs flétries dans les mains, signe caractéristique des sensations qu'elles éprouvent. »

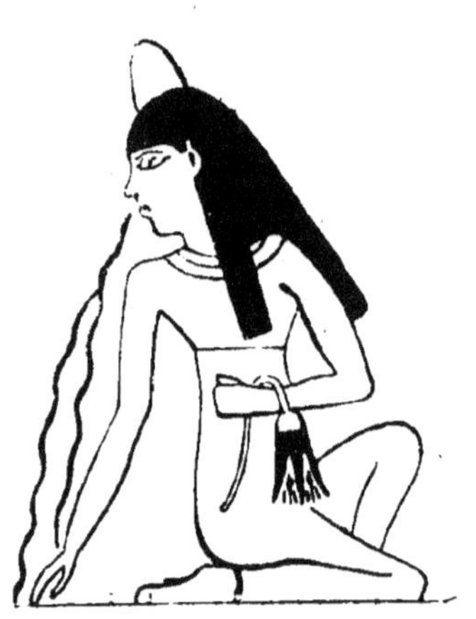

II

PREUVES QUE LES ÉGYPTIENS SE SONT SERVIS DE L'ART SATYRIQUE.

Dans le CHOIX DES ANTIQUITÉS LES PLUS IMPORTANTES DE L'ÉGYPTE, publié par le docteur Richard Lepsius, directeur du musée archéologique de Berlin[1], la planche XXIII de cet important ouvrage est consacrée à la reproduction de deux papyrus du British Museum et du musée de Turin.

Ces papyrus, M. Lepsius les appelle *satyriques* (*satyrischer*); et, en effet, il existe une certaine analogie entre ces peintures égyptiennes et les représentations d'hommes à têtes d'animaux, que les

[1] *Auswahl der wichtigsten Urkunden des ægytischen Alterthums, theils zum erstenmale, heils nach den Denkmælern berichtigt, herausgegeben und erlæutert von* Dr Richard Lepsius. Leipzig, George Wigand, 1852, 1 vol. in-fol. Planches.

peintres comiques et les caricaturistes ont essayées de tous les temps. Malheureusement M. Lepsius n'a encore donné que le volume de *planches*, sans les *explications* qu'il promet par le titre de son ouvrage ; et cette accumulation singulière d'animaux qui semblent les maîtres de la création, jouent des instruments de musique, conduisent des chars, boivent et parodient toutes les actions de l'homme, reste lettre close pour l'ignorant, quoique une certaine bizarrerie en jaillisse.

Ces papyrus sont de la plus grande importance pour ce qui touche à la connaissance des mœurs égyptiennes ; quelques-uns ne sont pas seulement satyriques, mais lubriques et d'une telle lubricité que M. Lepsius, malgré leur intérêt, a reculé à l'idée d'en donner une copie. Je respecte cette lacune en la regrettant : car si les divagations de l'amour charnel peuvent être montrées et décrites sans danger, n'est-ce pas dans de savantes publications, tirées à petit nombre, destinées seulement aux érudits, et qui ne peuvent compromettre la morale publique ?

Les calques que j'ai pu voir se rattachent, par certains côtés, à la caricature. La lubricité n'est-elle pas la caricature de l'amour ? De même que le dessinateur comique exagère les traits saillants du visage de son modèle, de même l'artiste sans pudeur qui ravale son crayon à ces obscénités, outre les attributs de la génération et les présente comme des monstruosités dignes d'orner un cahier de figures de tératologie.

De nos jours, le *Karakeuz* de Constantinople et d'Alger (avant la possession française) a conservé ces attributs de l'ancienne Égypte, en les faisant tourner au bouffon[1].

Il serait imprudent d'analyser avec plus de détails les priapées égyptiennes ; aussi m'en tiendrai-je aux planches purement satyriques données par le docteur Lepsius. Grandville ne les a pas connues, et cependant les œuvres de sa jeunesse, comme aussi ses planches pour les *Fables* de la Fontaine, ressemblent à ces papyrus. Ne soyons pas si fiers de nos découvertes et de nos inventions : presque toutes elles sont dessinées, sculptées, décrites il y a trois mille ans.

Certaines peuplades de la Grèce étaient particulièrement sarcastiques : on le verra par quelques statuettes ; mais il était plus difficile de constater ce rire *graphique* chez les Assyriens et chez les Égyptiens. En l'absence du texte explicatif de M. Lepsius, un jeune savant distingué, qui, je l'espère, approfondira cette question du comique en

[1] Karakeuz, le Polichinelle de l'Orient, sur lequel je reviens dans le chapitre consacré à Priape, est, par ses vices, sa grotesque allure et sa grossièreté sensuelle, le proche parent de l'illustre *Punch*, plus accentué encore dans sa gaieté considérable que le Polichinelle français.

Égypte, la fécondera et nous donnera sans doute par la suite un beau mémoire sur ce sujet, a bien voulu se charger d'interpréter ces papyrus :

« Le musée égyptien de Turin, dit M. Théodule Devéria, possède les débris d'un papyrus où l'on remarque des caricatures analogues à celles que Grandville a faites de notre temps, et dans lesquelles les personnages sont représentés par des animaux. Les fragments de ces curieuses peintures, qui peuvent remonter au temps de Moïse, ont été réunis avec patience et habilement disposés, de manière à former un long tableau à deux registres[1], dans lequel on distingue à la bande supérieure un animal qui semble se servir d'un double siphon[2], puis un concert exécuté par un âne qui joue de la harpe, un lion qui pince de la lyre, un crocodile qui a pour instrument une sorte de téorbe, et un singe qui souffle dans une double flûte. Cet assemblage bizarre est certainement, ainsi que l'a reconnu M. Lepsius, la charge d'un gracieux groupe dont on connaît plusieurs exemples dans les monuments égyptiens, et qui se compose de quatre jeunes femmes jouant des mêmes instruments dans le même ordre[3]. Plus loin,

[1] Voyez Lepsius, *Auswahl*, etc., pl. XXIII, et l'une des dernières planches de l'*Égypte ancienne*, dans *l'Univers* de Didot.

[2] Cet instrument était en usage parmi les prêtres pour transvaser certains liquides destinés aux cérémonies religieuses, ainsi que le prouve un bas-relief qui a été copié par M. Prisse.

[3] Lepsius, *ibid.*, et Rosellini, *Monumenti civili*, pl. XCVIII.

un autre âne, vêtu d'une sorte de tunique, armé d'un long bâton et d'un *pedum*, reçoit majestueusement les offrandes que lui présente en toute humilité un chat amené devant lui par une génisse. On peut reconnaître dans cette composition la scène funéraire dans laquelle un défunt est conduit par la déesse Hathor, à cornes de vache, devant Osiris, le grand juge des enfers. C'est ensuite un autre quadrupède qui semble trancher la tête à un animal captif, de la même manière qu'on représentait dans les grands monuments les Pharaons massacrant leurs prisonniers. Vient après cela une bête à cornes armée d'un casse-tête et conduisant un lièvre et un lion attachés par le cou à une même corde. Cela fait encore allusion à la manière dont les rois traitaient leurs ennemis vaincus, ainsi qu'on le voit sur les murailles de Karnak et de Medinet-Abou. La même scène est reproduite une seconde fois par d'autres animaux.

« Dans la bande inférieure, on remarque d'abord un combat de chats et d'oiseaux, dont l'intention était peut-être de rappeler ceux de l'armée égyptienne ; puis un épervier montant à une échelle qui est appuyée contre un arbre dans lequel on voit un hippopotame femelle entouré de fruits. Il n'est pas impossible de voir ici un sujet sacré : l'âme, figurée ordinairement par l'oiseau à tête humaine, s'approchant du sycomore dans lequel est Nout, la dispensatrice des aliments divins. Plus loin on trouve une scène qui pourrait presque servir d'illustration à la *Batrachomyomachie* d'Homère : c'est l'attaque d'une forteresse par une armée de rats portant des lances et des boucliers ou tirant de l'arc [1]. Le capitaine des assiégeants est monté sur un char traîné par deux lévriers au galop ; les chats qu'on voit autour de lui figurent les lions que les rois d'Égypte menaient en guerre. Ensuite, un combat singulier entre un rat et un lion ; puis un char de bataille dans lequel un chat s'apprête à monter, et enfin quelques autres figures dans lesquelles on peut trouver la représentation d'ennemis vaincus faisant acte de soumission devant leur conquérant.

« Tout cela n'est que la première partie du papyrus qui contient encore deux tableaux de la même dimension que celui que nous venons de décrire et dans lesquels sont des charges érotiques dont il serait difficile de donner une idée sans sortir des bornes de la bienséance.

« Le musée de Londres possède aussi les fragments d'un papyrus dans lequel sont dessinées des caricatures analogues aux premières de celui de Turin ; la religion et la royauté y sont également tournées en dérision. Dans l'un de ces débris un chat, tenant à

[1] M. Lepsius compare avec raison cette peinture avec un bas-relief figuré dans les *Monuments de l'Égypte et de la Nubie*, de Champollion, pl. CCXXVIII.

la main une fleur, présente à un rat des offrandes qui sont déposées devant lui. Ce dernier, gravement assis sur une chaise, respire le parfum d'une énorme

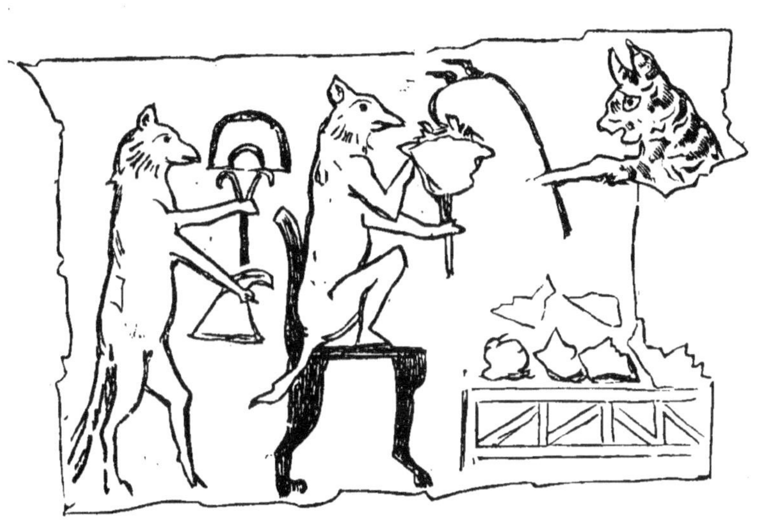

fleur de lotus; derrière lui, un second rat debout tient un éventail et un autre objet. Un second fragment, qui porte la représentation d'un chat debout, devait faire partie de la même scène. Je n'hésite pas à reconnaître ici la charge de l'offrande funéraire telle qu'elle est fréquemment représentée dans les bas-reliefs, quoique M. Lepsius ait cru y voir la satyre des hommages qu'on rendait aux rois; on remarquera, en effet, que, dans les autres figures de ce papyrus, le Pharaon est plutôt représenté par un lion. — Ainsi l'on voit plus loin, après un chat et un autre animal qui portent un fardeau à l'aide d'un bâton qu'ils soutiennent sur leur épaule, un *lion* assis devant une table (?), puis un autre lion qui s'approche d'un *thalamus* sur lequel est une gazelle. Nous allons voir que ces deux figures doivent représenter un Pharaon. Plus loin, et comme dans le papyrus de Turin, un troupeau de canards dont les pasteurs sont des chats. Vient ensuite un troupeau de gazelles sous la conduite d'un loup qui porte son bagage sur l'épaule, comme les bergers égyptiens, et qui souffle dans un double chalumeau. Je trouve dans cette scène, ainsi que dans l'avant-dernière dont j'ai parlé et dans celle que je vais décrire, une allusion évidente aux mœurs intimes d'un Pharaon ou à son gynécée, le *harem* des anciens souverains de l'Égypte qui paraît avoir été fort analogue à celui des musulmans. Nous voyons, en effet, sur notre papyrus, ce même lion terrible, c'est-à-dire le roi, jouant aux échecs avec une gazelle, juste comme dans les appartements du palais de Medinet-Abou on a sculpté l'image de Ramsès III, jouant à ce jeu avec une de ses femmes[1]. Le dernier dessin représente enfin un quadrupède apportant des mets à un hippopotame qui plonge ses pattes dans des vases placés devant lui. Cela rappelait peut-être encore la bonne chère des Pharaons.

[1] Lepsius, *Auswahl*, etc., et Rosellini, *Monumenti reali*, pl. CXXII. Il est donc évident que si le roi est figuré par un lion, ce qui est une métaphore employée souvent et en bonne part dans les inscriptions, ses femmes, que Manéthon appelle *vallacides*, sont représentées par les gazelles; c'est une image tout orientale.

FRAGMENT D'UN PAPYRUS SATYRIQUE.

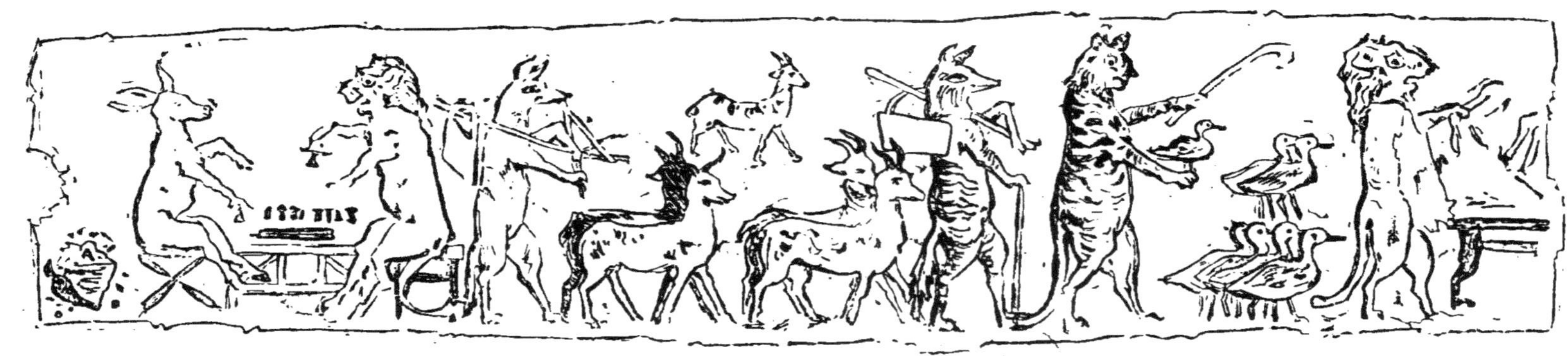

MUSÉE

DE

LONDRES.

« La collection Abbott, maintenant en Amérique, contient aussi un exemple des caricatures égyptiennes[1]. C'est un éclat de pierre calcaire qui porte une scène d'offrande; un chat debout, portant un *flabellum*, offre une oie dépouillée de ses plumes à une chatte assise sur un pliant, tenant une coupe à boire dans une de ses pattes et une fleur dans l'autre. Ce croquis au pinceau est habilement esquissé; il conserve encore quelques traces d'enluminure et rappelle les scènes analogues des deux papyrus dont nous avons parlé. Ces trois pièces sont, je crois, tout ce qu'on connaît de l'art satyrique de l'ancienne Égypte; elles suffisent pour nous apprendre que dans ce genre la religion n'était pas plus respectée que la royauté, et qu'on les tournait en ridicule aussi bien que de simples scènes de mœurs. »

La caricature, qui excite le rire, doit célébrer les dieux du rire. Malgré les innombrables dieux qu'ont adorés les Égyptiens, rien n'a démontré jusqu'ici qu'une figure spéciale fût consacrée à la représentation du rire. L'Orient rit rarement. Il en est du rire comme de la couleur; il faut l'aller chercher vers le Nord, dans les pays brumeux où l'homme, condamné à vivre au sein de la nature voilée, exprime plus clairement ses aspirations à la gaieté et à la lu-

[1] E. Prisse, *Notice sur le musée du Kaire*, etc., p. 17; *Revue archéologique*, 15 mars 1846.

mière que dans les pays sans ombre, dévorés par les rayons d'un soleil brûlant. On dirait que l'habitant du Nord, pour ne pas être enveloppé par les brouillards épais, pères du spleen, fait effort sur lui-même et s'impose la tâche de se divertir aux dépens de ceux qui l'entourent[1].

Dans ces pays d'ardent soleil, nulle trace de comique n'apparaît sur les sculptures pharaoniques. Cependant il est un dieu court, ramassé, ventru et lippu, nain apoplectique, grotesque et fantoche, dont la prétentieuse gravité provoque le rire; c'est un dieu égyptien, le dieu *Bès*, qui a été sculpté quelquefois brandissant son épée, quelquefois frappant avec rage des cymbales l'une contre l'autre, tirant de l'arc ou dansant. Suivant les archéologues, il représentait à la fois la guerre et la danse. « Le second caractère du dieu, dit M. de Rougé, conservateur du musée égyptien du Louvre, le montre comme se plaisant à la danse et au jeu des instruments. »

[1] Les Anglais en sont une preuve. Leur plaisanterie est grossière, mais énorme; et, pour mieux prouver le rire de leurs acteurs, ils leur ont fendu artificiellement, par une épaisse couche de vermillon, la bouche jusqu'aux oreilles, se rapprochant, sans s'en douter, des masques grotesques antiques. Un dessin eût mieux fait comprendre ces analogies; mais il est facile d'examiner les clowns, les fragments postiches qu'ils s'ajustent sur le visage, comme les mimes antiques s'en adaptaient à de certaines parties du corps, et on verra que les Anglais ont conservé plus que nous le sens du grotesque violent dérivant de l'antiquité.

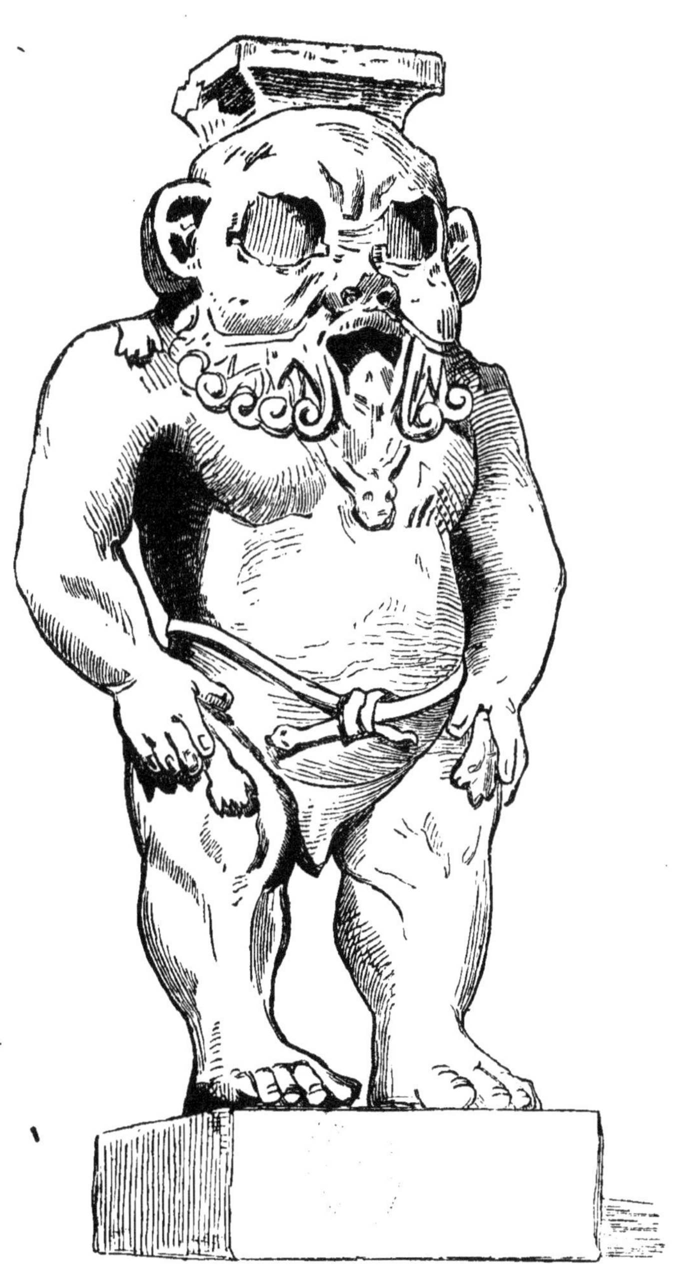

LE DIEU BÈS

D'après une figure en pierre du musée égyptien du Louvre.

C'est d'après ce caractère qu'il est bon d'étudier le dieu Bès, très-populaire en Égypte, car sa figure a été sculptée en bois comme en bronze, en terre cuite comme en pierre. Certes, la danse n'est pas acte de caricature, et je prends garde dans un pareil sujet de me laisser entraîner à l'utopie et de voir dans chaque manifestation de l'homme un prétexte à grotesque. Et pourtant, que le curieux, après la lecture de ces lignes, jette un coup d'œil sur les vitrines du musée égyptien, où sont entassés les dieux, et, s'il trouve d'autres comiques figures que celles du dieu Bès, que ces études passent pour avoir été improvisées par un vaudevilliste à l'affût de quelque actualité.

Les grimaces du dieu Bès ont été reproduites à de nombreux exemplaires avec beaucoup de variétés dans les poses, la matière et la taille. Il est même un dieu Bès en argile blanche rehaussée de dessins bleus. La bouche, la langue et le nombril sont rouges; mais entre toutes la petite figure ci-contre est la plus caractéristique.

Au milieu des granits silencieux qui troublent par leur gravité sérieuse, un vieillard podagre lève la jambe avec peine, et si sa bouche joyeuse et ses lèvres lippues n'indiquaient un de ces êtres de bonne humeur qui se mêlent aux divertissements de la jeunesse, on craindrait les suites de ces folies pour les membres engourdis du dieu Bès, qu'on peut comparer, malgré le respect dû à tout dieu, à une vieille grenouille menacée d'ankylose.

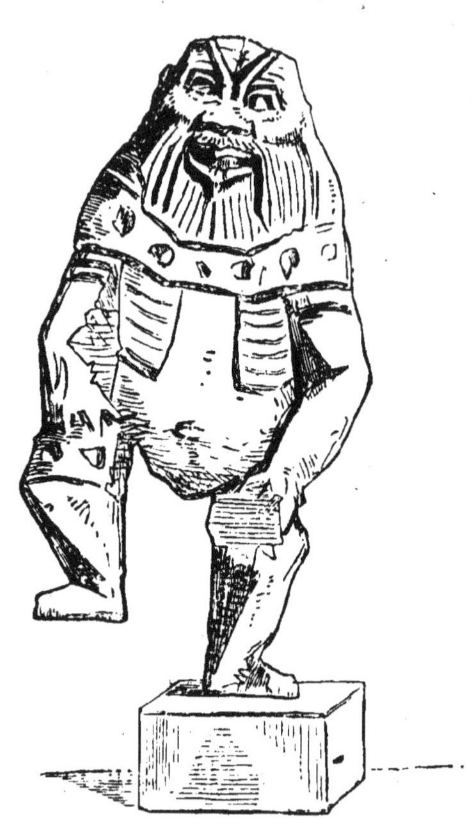

LE DIEU BÈS

D'après une figurine du musée égyptien du Louvre.

III

ARISTOTE ENNEMI DU SATYRIQUE.

A l'aide d'Aristote il est facile de constater, chez les Grecs, ce comique dont les traces sont si rares en Assyrie et en Égypte.

Aristote est le premier qui parle, non pas de la caricature (le mot est latin, *caricatura*), mais de la représentation grotesque de l'homme. On trouve dans sa *Poétique*[1] deux paragraphes relatifs à la question.

« Comme, en imitant, on imite toujours des personnages qui agissent, et que ces personnages ne peuvent qu'être ou bons ou méchants, seules différences à peu près, entre les caractères qui se distin-

[1] Voir l'excellente traduction et les savants commentaires de M. Barthélemy Saint-Hilaire.

guent uniquement par le vice et la vertu, il faut nécessairement les représenter ou meilleurs que nous ne sommes, ou pires, ou semblables au commun des mortels. »

Le texte ici est d'une admirable clarté; en quelques lignes, Aristote pose la base de discussions artistiques qui, depuis l'antiquité, se sont renouvelées, se renouvellent et se renouvelleront sans cesse.

« *Il faut nécessairement représenter les hommes*
« *Meilleurs que nous ne sommes,*
« *Ou pires,*
« *Ou semblables au commun des mortels.* »

Trois formes de représentation qui, sur le papier, semblent innocentes, et qui ont fait écrire nombre de volumes, ont attisé de grandes haines, et éloigné les uns des autres des artistes d'une haute intelligence.

Ceux qui représentent les hommes « *meilleurs que nous ne sommes,* » regardèrent du haut de leurs nuages les artistes qui peignaient les hommes « *semblables au commun des mortels.* » Il faut dire que ces derniers n'avaient pas assez de railleries contre les premiers. Éternel combat de l'idéal et du réel, qui ne finira jamais et toujours trouvera de nouvelles recrues.

La seconde forme signalée par Aristote, la représentation des hommes « *pires que nous ne sommes,* » voilà la caricature qui, au besoin, prête main-forte à la réalité pour combattre l'idéal, alliés qui s'entendent et se réunissent contre l'ennemi commun. C'est cette seconde forme (la représentation des hommes « *pires que nous ne sommes* ») qui est le but de ces études.

Aristote, dans un paragraphe suivant, donne les noms des artistes qui lui semblent propres à préciser sa définition.

« Polygnote peignait les hommes *plus beaux que nature;*

« Pauson, *plus laids;*

« Denys, *tels qu'ils sont.* »

Et, pour se faire comprendre des esprits plus adonnés aux lettres qu'aux beaux-arts, Aristote ajoute :

« C'est ainsi qu'Homère représente les hommes plus grands qu'ils ne sont, tandis que Cléophon les peint dans leur nature ordinaire, et que Hégémon de Thasos, inventeur de parodies, et Nichocharès, l'auteur de la *Déliade*, les défigurent et les dégradent[1]. »

Rien que par ce mot *dégrader* on sent qu'Aristote n'a pas une vive admiration pour le satyrique Nichocharès, non plus que pour *Pauson* le caricaturiste.

[1] Hégémon de Thasos est cité par Athénée, dans le *Deipnosophiste*, comme ayant fait jouer à Athènes des parodies dramatiques qui obtinrent un grand succès; le même Hégémon avait parodié les premiers chants de l'*Odyssée*. Nichocharès, contemporain d'Aristophane, composa une satyre, la *Déliade*, contre les habitants de Délics, paresseux et gourmands.

Le père de la philosophie tient pour la représentation des hommes *meilleurs que nous ne sommes*, et s'élève contre ceux qui les montrent *pires*, puisqu'il oppose Polygnote à Pauson, et qu'il craint, comme on le verra, la fâcheuse influence de ce dernier.

Par Aristote, une des expressions les plus élevées de la civilisation grecque, je juge des sentiments des intelligences de son temps, dont il est l'admirable trucheman ; mais sa grave personnalité l'empêche de goûter les jouissances du comique.

Aristote revient encore une fois sur le peintre burlesque Pauson, dans sa *Politique* (liv. V, chap. v), au paragraphe où il traite de la musique. Ces grands esprits, Platon, Socrate, ne dédaignaient pas de mêler les arts aux questions les plus sérieuses :

« Les faits eux-mêmes démontrent combien la musique peut changer les dispositions de l'âme, et, lorsqu'en face de simples imitations on se laisse prendre à la joie, à la douleur, on est bien près de ressentir les mêmes affections en face de la réalité.

« Quelque importance qu'on attache, du reste, à ces sensations de la vue, on ne conseillera jamais à la jeunesse de contempler les ouvrages de Pauson, tandis qu'on pourra lui recommander ceux de Polygnote ou de tout autre peintre aussi moral que lui. »

Quelle était la nature du talent de Pauson dont

Aristote fait si peu de cas? Il est difficile de le savoir, mais on s'explique la réprobation jetée par l'auteur de la *Politique* sur un artiste qui, peignant les hommes *pires qu'ils ne sont*, c'est-à-dire ne reculant pas devant l'exagération de la laideur, du vice et de la difformité, abaissait les esprits; car, par l'influence *morale* qu'Aristote semble demander aux statuaires et aux peintres, nous comprenons le but des philosophes de l'antiquité voulant faire des artistes des êtres *enseignants*.

Suivant Platon, la noblesse et la beauté des formes étaient un enseignement, thèse qui a été reprise plus d'une fois par les philosophes et par les psychologistes.

Je ne peux qu'effleurer en passant ces théories; mais Aristote, préoccupé de l'idée du beau absolu, n'a pas montré la portée de la caricature, et son importance dans la société. Ce penseur, plongé dans des abstractions philosophiques, méprisait, comme futile, un art qui, pourtant, console le peuple de ses douleurs, le venge de ses tyrans et traduit par un crayon satyrique les pensées de la foule.

Qui châtiera les vieillards libidineux, les égoïstes, les avares, les gourmands, les lâches? La caricature.

Qui montrera les bassesses des courtisans? La caricature.

Qui peindra la sottise des gens d'argent? La caricature.

Qui, d'un trait de crayon, bafouera les puissants et enlèvera, pour montrer leurs petitesses, les riches oripeaux qui les recouvrent? La caricature.

Qui châtiera, en une suite de feuillets improvisés, une époque adonnée au culte du veau d'or? La caricature.

Qui, par une indication brève et cruelle, indiquera le châtiment futur réservé aux oppresseurs d'une nation? La caricature.

Aristote n'a pas compris ce rôle de la caricature; d'autres l'ont compris. Aussi ont-ils inventé contre sa formidable puissance toutes sortes de censures, de chaînes et de bâillons.

Rien n'y fait. La caricature ne meurt pas. On la proscrit dans un pays, elle se transporte dans le pays voisin, et les chaînes dont on la charge, le bâillon qu'on lui impose la rendent encore plus âpre et plus significative.

Bien des fois, en feuilletant des cahiers de caricatures, j'ai été effrayé moi-même de la portée de ces crayons. Il y a des règnes qui resteront méprisés à jamais par le burin d'un artiste inconnu, car ce ne sont pas seulement les portraits de peintres officiels que l'avenir consulte.

Un honnête homme, au cœur pur, à l'âme droite, à la conscience vibrante, ne se doute guère de la portée de son crayon ; mais sa main agile, qui enfante rapidement des œuvres en apparence éphémères, exprime à jamais les colères, les railleries et la vengeance d'un peuple méprisant son souverain.

Voilà ce qu'Aristote n'a pas vu.

Un grand naturaliste comprenait mieux la satyre, Cuvier, qui « s'oubliait souvent devant les caricatures publiquement exposées, et considérait ces sortes de dessins comme un spectacle plus instructif que beaucoup de nos modernes comédies [1]. »

[1] Isidore Bourdon, *Illustres médecins et naturalistes des temps modernes*. 1 vol. in-18, 1844.

IV

LE PEINTRE PAUSON.

Au nombre des petits bonheurs dont peut jouir un honnête homme, Aristophane compte celui d'écarter de son passage sur les places publiques les gredins et les débauchés. Aussi met-il dans la bouche du Chœur, dans la comédie des *Acharniens*, ce mot cruel pour Pauson : « *Tu ne seras plus le jouet de l'infâme Pauson*, » c'est-à-dire qu'il semble féliciter le Mégarien de n'être plus tourné en ridicule par les pinceaux du peintre.

La pièce des *Acharniens* n'est pas la seule dans laquelle le poëte ait raillé le peintre. Il est encore question de Pauson dans les *Fêtes de Cérès* : « Livrons-nous à nos jeux, dit le Chœur, comme nous en avons la coutume quand nous célébrons les saints mystères des déesses, en ces jours sacrés que *Pauson* observe aussi par ses jeûnes, en suppliant les déesses de renouveler fréquemment de semblables journées par égard pour lui. »

Ce passage serait presque incompréhensible, si la pauvreté du caricaturiste n'avait été proverbiale dans l'antiquité. La comédie de *Plutus*, d'Aristophane, nous montre un citoyen, dialoguant avec la Pauvreté, personnage symbolique :

« Chrémyle. — On n'a qu'à demander à Hécate lequel vaut mieux d'être riche ou indigent. Tu ne me persuaderas pas, lors même que tu m'aurais convaincu.

La Pauvreté (*poussant une exclamation*). — Ville d'Argos, tu l'entends !

Chrémyle. — Appelle Pauson, ton commensal. »

C'est-à-dire prends à témoin Pauson, le pauvre, que la misère est un doux état ; mais, moi, tu ne me persuaderas pas.

Ce passage du *Plutus* fait comprendre le Chœur des *Fêtes de Cérès*, qui supplie les déesses de renouveler souvent le troisième jour des Thesmophories, pendant lequel les femmes jeûnaient, attendu qu'alors Pauson avait une raison de jeûner aussi, lui, le misérable, qui se privait souvent de nourriture, même les jours de festins.

Par ces trois citations d'Aristophane, on a une triste idée du peintre Pauson, de l'ignoble Pauson, de l'*infâme* Pauson, dont Aristote recommande de voiler les œuvres devant les regards des jeunes gens. Et cependant je me sens plein de pitié pour Pauson, peut-être calomnié. Les injures d'Aristophane, on sait ce qu'elles valent. Il faut prendre garde à ces grands railleurs de l'humanité, et ne pas toujours les croire au pied de la lettre; leur amour-propre est d'une sensibilité de femme. Ils attaquent chacun, déchirent leurs concitoyens : par leur génie ils entrent comme une flèche empoisonnée dans les plaies, défigurent un homme plus profondément que la petite vérole, lui prêtent des vices et des passions inexcusables et l'en accablent à jamais. Qu'une de leurs victimes se défende et blesse légèrement leur amour-propre, ces sarcastiques sentent l'écorchure plus vivement que d'autres les moxas. Ils ne permettent pas qu'on se serve de la plus innocente de leurs armes. La personnalité de Pauson, qui reparaît à trois reprises dans divers drames, chargé du triple crime de meurt-de-faim, de misérable, d'infâme, fait croire à quelque vengeance contre un peintre qui avait sans doute peint Aristophane sous un aspect ridicule. Ce fait se représentera le même dans un des chapitres suivants, entre d'autres artistes et d'autres poëtes, dont un Latin disait, si justement que le mot est resté : *genus irritabile*.

Cependant, comme les inductions ne valent pas

le plus mince fait rapporté par un ancien, Plutarque, Lucien, le conteur Élien, sont là pour montrer Pauson sous un jour différent.

Dans son *Éloge de Démosthène*, Lucien conte l'anecdote suivante :

« On avait demandé au peintre Pauson le tableau d'un cheval se roulant par terre. Il se met à peindre un cheval courant et semant la poussière autour de lui. Il y travaillait, lorsque celui qui le lui avait commandé arrive et se plaint de ce que l'artiste ne fait pas ce qu'il avait promis. Pauson ordonne à un esclave de retourner le tableau sens dessus dessous, et montre ainsi le cheval se roulant sur le sable. »

Élien, dans ses *Histoires diverses*[1], rapporte la même historiette, pour expliquer surtout la nature d'esprit de Socrate :

« On dit communément, et c'est une espèce de proverbe : *Les discours de Socrate ressemblent aux tableaux du peintre Pauson*. Quelqu'un ayant demandé à Pauson de lui peindre un cheval se roulant par terre, il le peignit courant. Celui qui avait fait marché pour le tableau trouva fort mauvais que le peintre n'en eût pas rempli la condition : — Tournez le tableau, dit Pauson, et le cheval qui court vous paraîtra se vautrer. Telle est, ajoute-t-on, l'ambiguïté des discours de Socrate; il faut les retourner

[1] Traduites du grec avec remarques. Paris, MDCCLXXII.

pour en découvrir le véritable sens. En effet, Socrate, pour ne pas indisposer contre lui ceux avec qui il conversait, leur tenait des propos énigmatiques et susceptibles d'un double sens. »

Les historiens de l'antiquité se plaisent à conter ces subtilités de peintres. Jamais on ne vit de gens aussi fertiles en à-propos que les artistes grecs et romains. Rien ne les embarrasse; avec leurs pinceaux ils accomplissent des miracles en un clin d'œil, et ils trouvent des plumes complaisantes pour transmettre à la postérité ces légendes d'atelier. Combien Pline en a-t-il conté!

Mais cette histoire du cheval à l'envers de Pauson, citée sérieusement par Lucien, par Élien et par Plutarque, est une boutade d'artiste irrité des exigences d'un amateur qui ne comprend pas son talent. Je veux bien que Pauson ait retourné son tableau; le cheval est à l'envers : ce n'est plus un tableau. Le cheval n'a pas été peint pour être vu les quatre fers en l'air, mais debout. On peut citer l'anecdote comme un trait de présence d'esprit de Pauson, sans y trouver les motifs de la réprobation que montre Aristote et la cause des injures d'Aristophane.

Cherchons quels sont les écrivains qui ont parlé de Pauson, et les dates qui les rapprochent du peintre.

Aristophane fait jouer ses comédies à Athènes vers l'an 427 avant Jésus-Christ.

Aristote est connu dans la même ville par ses écrits, vers l'an 348 avant Jésus-Christ.

La célébrité de Plutarque remonte à l'an 70 ou 80 de Jésus-Christ.

Lucien publie ses écrits vers l'an 160 après Jésus-Christ.

Élien est un écrivain du troisième siècle.

Selon M. Egger, Pauson était un artiste du siècle de Périclès, c'est-à-dire qu'il peignait, en prenant la moyenne de l'âge du célèbre Athénien, vers 430 avant Jésus-Christ. Il était contemporain d'Aristophane; Aristote a vu ses tableaux, qui étaient célèbres encore un siècle plus tard, puisqu'ils excitent son indignation. Plutarque, Lucien et Élien ont recueilli longtemps après l'historiette citée plus haut; cependant, tous les commentateurs, Sillig, Wieland, le comte de Clarac, etc., sont d'accord que le Pauson cité par ces divers écrivains est bien le même peintre.

Quelle conclusion faut-il tirer de ces divers témoignages? Que Pauson était un caricaturiste célèbre[1], et que sa célébrité a attiré sur son œuvre l'attention, plus irritée que sympathique, des grands esprits de l'antiquité.

[1] « Il semble que la manière de Pauson se rapprochait de ces peintures satyriques où les défauts du corps et de l'esprit sont exagérés par des traits violents, qui divertissent un instant la malignité, et que le bon goût réprouve ainsi pour toujours. » (De Paw, *Recherches philosophiques sur les Grecs*. Berlin, 1788, 2 v. in-8°.)

V

PEINTRES DE SCÈNES DOMESTIQUES, D'ANIMAUX, DE PAYSAGES, ETC.

Pline a laissé sur l'art des renseignements en abondance. Il n'y a guère aujourd'hui de naturalistes avec les livres desquels on pourrait reconstruire les arts d'une société disparue. Pline s'inquiète des moindres créations de la sculpture et de la peinture ; il a la conscience que toute œuvre de l'homme, si futile qu'elle paraisse, aura sa valeur dans les siècles futurs. Peintres de grandes figures ou de scènes domestiques, paysagistes, peintres d'animaux, peintres de grotesques, femmes peintres, il a recueilli scrupuleusement les noms des moindres artistes de l'antiquité, et quelquefois d'un trait il en rend vivement la manière. Aussi est-il utile de donner une brève indication de ces peintres *naturalistes* qui ont certainement contribué à faire progresser l'art du caricaturiste.

La caricature ne se nourrit que de laideurs ; mais il faut lui montrer ces laideurs. Les artistes qui, suivant Aristote, « représentent les hommes plus beaux que nous ne sommes, » ne peuvent servir de guides aux esprits railleurs, à moins que leurs compositions éthérées, se tournant en visions et prenant l'ombre pour la forme, ne produisent des réactions violentes ; mais les artistes dont parlent Aristote et Pline n'en étaient encore qu'au bégayement, puisque ce dernier cite comme un *inventeur* le peintre Cimon de Cléonée.

« Cimon inventa les catagraphes, c'est-à-dire les têtes de profil, et il imagina de varier les visages de ses figures, les faisant regarder en arrière, ou en haut, ou en bas. Il marqua les articulations des membres ; il exprima les veines, et en outre indiqua les plis et les sinuosités dans les vêtements. »

Cimon fut un des initiateurs de l'art avec Polygnote dont il est dit que « le premier il ouvrit la bouche des figures, fit voir les dents, » etc. A cette époque, le pinceau et le ciseau ne pouvaient arriver à ces mysticismes outrés qu'il a été donné aux époques civilisées de connaître, et qui font que le peintre, oubliant sa palette et son pinceau, croit pouvoir les remplacer par le rêve et la pensée.

Donc les caricaturistes dérivent des maîtres

exacts, de ceux qui peignent les accidents de la peau, les rides, les rugosités et les verrues. Ils exagèrent, rendent ridicule et grotesque ce qui était vrai; mais ceci est le côté purement matériel de la caricature. Si elle grossit seulement quelques détails à la loupe, comme il est arrivé quelquefois de nos jours, la caricature devient une monstruosité, un bête microscope. Le caricaturiste ne doit-il pas atteindre et montrer le moral à travers le physique? S'il n'est pas ému ou indigné en prenant ses crayons, c'est un triste ouvrier qui accomplit un triste métier.

Un Anglais, dont je regrette de ne pas savoir le nom, a écrit cette pensée si juste : « Que veulent donc dire les philosophes qui ont représenté l'ironie comme une dégénérescence de l'âme, comme une faiblesse ou une bassesse? *La risée que provoque l'aspect du laid et de l'ignoble est encore un hommage rendu à la noblesse et à la beauté.* »

On ne s'entendra jamais sur cette question de la représentation de la laideur, pas plus qu'on ne s'entend sur la question de la réalité, pas plus qu'on ne s'entend sur la question de la morale dans l'art : mots abstraits qui servent merveilleusement aux esprits ennemis de toute forme nouvelle tentée, de tout effort, de toute recherche.

J'en reviens à Pline, dont je cite vivement quelques passages relatifs aux peintres et aux sculpteurs voués à la réalité :

« Nicias sculptait plus volontiers les chiens que les hommes. Cratinus a peint des comédiens à Athènes, dans le Pompion. Eudore s'est fait remarquer par une décoration de théâtre... Œnilas a peint une assemblée en famille. Philiscus a peint l'atelier d'un peintre où un enfant souffle le feu.

« Simus est auteur d'un jeune homme se reposant, d'une boutique de foulon, etc.

« Parrhasius, d'Éphèse, a peint une nourrice crétoise qui tient un enfant dans ses bras; deux enfants dans lesquels on voit la sécurité et la simplicité de leur âge; un prêtre qui a près de lui un enfant avec un encensoir et une couronne.

« Antiphile est renommé pour un jeune garçon soufflant un feu qui éclaire et l'appartement d'ailleurs fort beau, et le visage de l'enfant; pour un atelier de fileuses en laine où des femmes se hâtent toutes d'achever leur tâche.

« Aristophon, pour un tableau à beaucoup de personnages, où sont Priam, Hélène, la Crédulité, Ulysse, Déiphobe, la Ruse.

« Cœnus a peint des écussons.

« On vante, de Timomaque, Oreste, Iphigénie en Tauride; une famille noble; deux hommes en manteau se disposant à partir, l'un debout, l'autre assis[1].»

[1] Pline, traduction Littré, 1848, in-8°.

Telle est l'antiquité dont on cherche aujourd'hui à surprendre les secrets. Le grand art antique, chacun le connaît et l'admire; mais l'art domestique, l'art des portraitistes, des décorateurs, des peintres de tableaux familiers, l'art qui en apprend plus sur les mœurs que la représentation des dieux et des empereurs, voilà celui que veut approfondir l'esprit scrutateur moderne.

Nous nous imaginons que la peinture de paysage a été poussée aujourd'hui à la perfection. Pline parle des tableaux d'un certain Ludius qui en remontrerait à beaucoup de nos artistes pour la variété de ses motifs.

« Le premier il imagina de décorer les murailles de peintures charmantes y représentant des maisons de campagne, des portiques, des arbrisseaux taillés, des bois, des bosquets, des collines, des étangs, des euripes, des rivières, des rivages au souhait de chacun, des personnages qui se promènent ou qui vont en bateau, ou qui arrivent à la maison rustique soit sur des ânes, soit en voiture; d'autres pêchent, tendent des filets aux oiseaux, chassent ou même font la vendange. On voit dans ces peintures de belles maisons de campagne dont l'accès est marécageux; des gens qui portent des femmes sur leurs épaules, et qui ne marchent qu'en glissant et en tremblant; et mille autres sujets de ce genre plaisants et ingénieux. Le même artiste a le premier décoré les édifices non couverts (hypœthres, promenoirs) de peintures représentant des villes maritimes qui font un effet très-agréable et à très-peu de frais. »

Et cet Arellius, célèbre à Rome, qui excite l'indignation de Pline! « Arellius, dit-il, profana son art par un sacrilége insigne ; toujours amoureux de quelque femme, il donnait aux déesses qu'il peignait les traits de ses maîtresses; aussi en comptait-on le nombre dans ses tableaux. »

Combien en a-t-on vu depuis, d'Arellius, qui ont donné aux Vierges et aux Madones la figure de leurs maîtresses, et qui n'ont pas cru commettre de *sacriléges !*

Il ne faut pas oublier Pausias de Sicyone, qui « imagina le premier de peindre les lambris. Il peignit de petits tableaux, et surtout des enfants. »

Enfin les femmes ne nous pardonneraient pas d'avoir passé sous silence leurs confrères de l'antiquité.

« Calypso a fait un vieillard et le charlatan Théodore; Alcisthène, un danseur. Lala de Cyzique, qui resta toujours fille, travailla à Rome du temps de la jeunesse de M. Varron, tant au pinceau que sur l'ivoire au poinçon. Elle fit surtout des portraits de femmes. On a d'elle, à Naples, une vieille dans un grand tableau; elle fit aussi son portrait au miroir. »

Ces citations étaient nécessaires pour bien faire

comprendre comment le grand fleuve de l'art s'alimente d'une quantité de rivières, de ruisseaux, de petites sources.

Jusqu'ici ces sujets familiers ne contiennent rien d'ironique. Le fragment de fresque de l'âne et du crocodile, trouvé dans les fouilles de Regina et conservé au musée de Naples, montre comment les anciens comprenaient la peinture des scènes de la rue.

La fresque était malheureusement fort dégradée, et le temps, aussi destructeur que le crocodile, avait mangé la tête de l'âne.

Il est présumable que cette fresque est du peintre dont Pline faisait un cas extrême, de Neala, qui ayant peint la bataille navale entre les Perses et les Égyptiens, pour démontrer que l'action s'était passée sur le Nil, peignit un âne buvant sur le rivage et un crocodile qui lui tend un piége.

4.

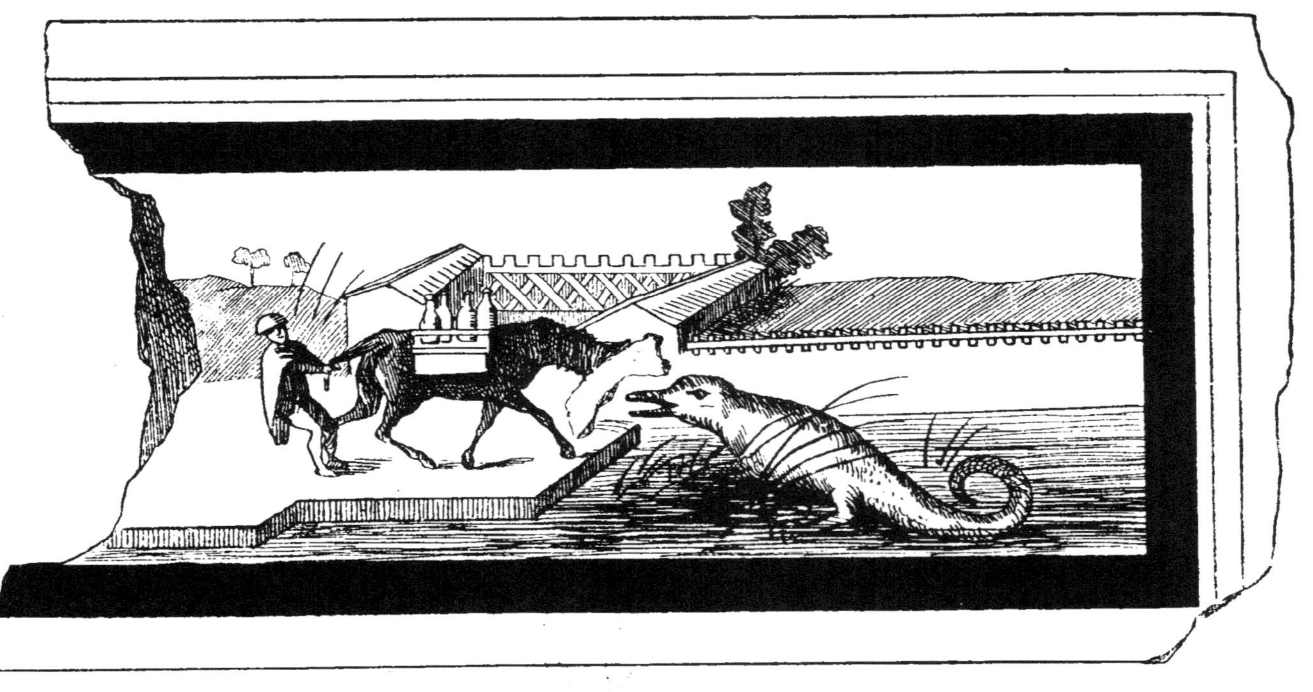

Fresque trouvée dans les fouilles de Regina.

VI

PEINTRES COMIQUES.

Pline, quand il cite des auteurs de peintures grotesques, donne une description suffisante pour en accuser le comique et l'intention satyrique.

« La vogue des tableaux étrangers à Rome, dit-il, date de L. Mummius, à qui sa victoire valut le nom d'Achaïque... Je trouve qu'ensuite l'usage devint commun d'en exposer dans le Forum. De là la plaisanterie de l'orateur Crassus. Plaidant sous les vieilles boutiques, il interpella un témoin; le témoin, relevant l'interpellation : «Dites donc, Crassus, qui « vous pensez que je sois. — Semblable à celui-ci, » répondit-il en montrant, dans un tableau, un Gaulois qui tirait très-vilainement la langue[1]. »

[1] Cette grimace a été conservée dans l'ornementation architecturale. Quelques monuments de nos jours portent sur la façade des mascarons tirant la langue.

Est-ce là une caricature? C'est en tous cas une bouffonnerie dont le sens est confus. Cicéron et Quintilien rapportent qu'on voyait souvent pour enseigne aux boutiques romaines un bouclier cimbre populaire, qu'ils supposent être l'image du bouclier de Marius, représentant une figure grotesque de Gaulois tirant la langue. Le Gaulois « qui tirait très-vilainement la langue » peut sortir du pinceau d'un des peintres qui se plaisaient à la représentation de scènes populaires; aussi Pline a-t-il placé ces artistes après les peintres de sujets nobles, et d'eux il dit, avec une sorte de dédain :

« C'est ici le lieu d'ajouter ceux qui se sont rendus célèbres dans le pinceau par des ouvrages d'un genre moins élevé. De ce nombre fut Piræïcus, inférieur à peu de peintres pour l'habileté. Je ne sais s'il s'est fait tort par le choix de ses sujets; toujours est-il que, se bornant à des sujets bas, il a cependant, dans cette bassesse, obtenu la plus grande gloire. On a de lui des boutiques de barbier et de cordonnier, des ânes, des provisions de cuisine, et autres choses semblables, ce qui le fit surnommer Rhyparographe. Ses tableaux font un plaisir infini, et ils se sont vendus plus cher que de très-grands morceaux de beaucoup d'autres. »

Piræïcus serait aujourd'hui appelé « un peintre de genre, » et, comme autrefois, il pourrait vendre ses tableaux plus cher que des compositions historiques.

« Calatès, suivant Pline, traita en petit des sujets comiques ; » mais la désignation des sujets est absente, et on ne peut revendiquer Calatès ou Calacès comme un peintre de caricatures [1].

« Quant à Socrate, ajoute le naturaliste, ses tableaux plaisent avec raison. Tels sont : *Esculape avec ses filles*, et son *Paresseux*, qu'on appelle *Ocnos* : il fait une corde qu'un âne ronge à mesure. »

Intention comique dans le *Paresseux*, qui frise la caricature. Nous allons y arriver.

« Bupalus et Athenis étaient contemporains du poëte Hipponax. Hipponax était remarquablement laid. Les deux artistes, par forme de plaisanterie, exposèrent son portrait à la risée du public ; Hipponax, indigné, dirigea contre eux l'amertume de ses vers, si bien que, selon quelques-uns, ils se pendirent de désespoir ; mais cela est faux... »

Dans ce fragment de Pline je vois poindre la caricature. Bupalus et Athenis, en exposant le portrait d'Hipponax, voulaient peut-être se venger de lui pour quelque cause dont Pline ne dit pas le motif. Toujours est-il qu'il s'ensuivit une guerre terrible de poëte à artiste, — la même que celle indiquée plus haut entre Aristophane et Pauson, — et, malgré l'amour-propre connu du poëte, il avait fallu

[1] Calatès et Antiphyllus peignaient des *comica tabella*. Suivant le comte de Caylus, c'étaient des scènes de pièces comiques qu'on affichait à la porte des théâtres pour attirer le public.

une raillerie peinte plutôt qu'une ressemblance pour arracher à Hipponax quelque méchanceté poétique.

C'est au chapitre de l'*Art de modeler en plastique* que Pline a parlé de deux sculpteurs qui ne reculaient pas devant la laideur.

« Praxitèle est encore l'auteur de la statue de la Spilumène (*Spilumenen*, femme malpropre).

« Quant au Myron, qui s'est illustré dans le bronze, on a de lui, à Smyrne, une vieille femme ivre, ouvrage des plus renommés. » Sans rentrer dans la caricature, cette statue y mène; mais enfin Pline donne la description d'une réelle caricature :

« Ctésiloque, élève d'Apelle, s'est rendu célèbre par une peinture burlesque représentant Jupiter accouchant de Bacchus, ayant une mitre en tête et criant comme une femme, au milieu des déesses qui font l'office d'accoucheuses. »

Voilà le véritable caricaturiste, qui ne respecte même pas les dieux. En voici un autre qui ne respectait pas les reines :

« Clésidès est connu par un tableau injurieux pour la reine Stratonice : cette princesse ne lui ayant pas fait une réception honorable, il la peignit se roulant avec un pêcheur qui passait pour être son amant. Il exposa ce tableau dans le port d'Éphèse et s'enfuit à toutes voiles. La reine ne voulut pas qu'on enlevât le tableau, à cause de la ressemblance extrême des portraits. »

On ne voit pas communément des souverains qui pardonnent si aisément de telles critiques de leur personne! — C'est de la licence, dira-t-on. — Sans cette licence compterait-on un Aristophane? La postérité a-t-elle gagné quelque chose à conserver dans ses bibliothèques les œuvres d'Aristophane? Une pareille question ne saurait faire un doute. On a vu sous la République les regretteurs du passé se consoler d'une forme imprévue de gouvernement, au spectacle de vaudevilles aristophanesques, où les hommes au pouvoir étaient représentés dans leurs actes comme dans leurs personnalités.

Qui a montré, dans ces moments de troubles, où conduisaient les doctrines d'un Proudhon? Un vaudevilliste.

La tranquillité de l'Angleterre ne semble pas menacée par le libre crayon de ses caricaturistes.

L'Église craignait-elle, au moyen âge, les satyres violentes contre les moines que chaque tailleur de pierre inscrivait en bas-reliefs ineffaçables sur les murs des cathédrales? L'Église se sentait forte, et on peut juger de la force d'un gouvernement par l'audace des caricaturistes.

VII

DE LA CARICATURE PROPREMENT DITE. — L'ATELIER DU PEINTRE.

Une dernière citation de Pline conduit enfin dans le domaine de la caricature :

« Philoxène a peint aussi une bambochade dans laquelle trois Silènes font la débauche à table. Imitant la célérité de son maître (Nicomaque), il inventa même un certain genre de peintures plus courtes et ramassées (des grotesques). »

Le savant M. Littré a fait preuve d'une vive intelligence en donnant l'interprétation de *grotesques* à ces « peintures *plus courtes et ramassées* » dont parle Pline.

Ceux mêmes qui se sont médiocrement occupés de l'art antique connaissent le dessin d'une peinture de Pompéi, vulgarisée par les Magazines, *l'Atelier*

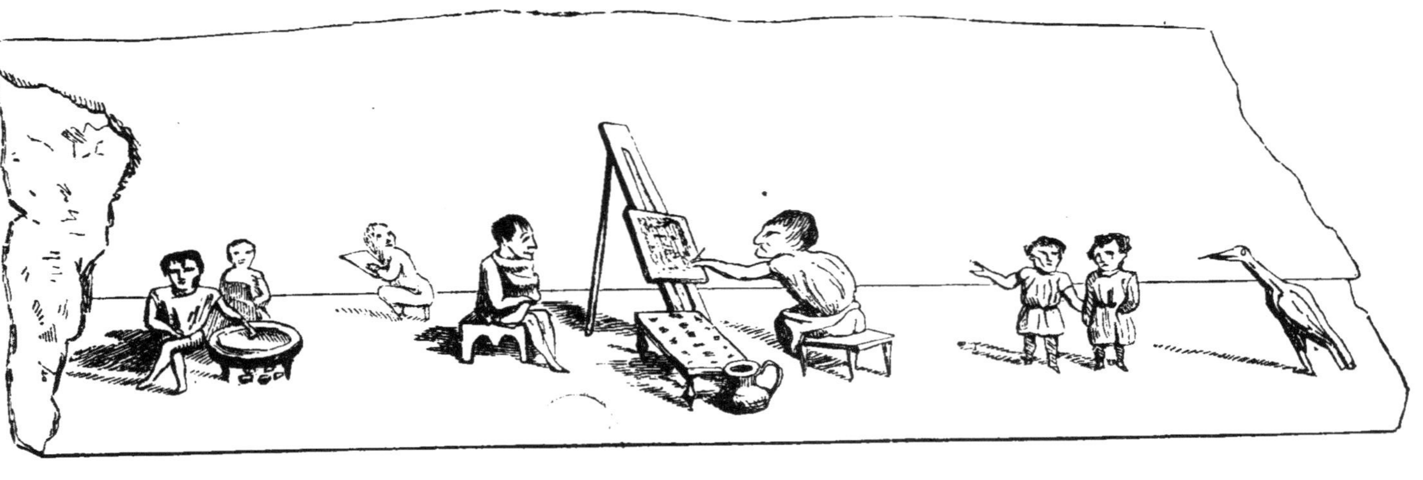

L'ATELIER DU PEINTRE

D'après une fresque de la Casa Carolina, à Pompéi.

du peintre. Elle offre le spécimen le plus exact de *ces figures plus courtes et ramassées* de Pline, de ces *grotesques* suivant M. Littré; elle est un type significatif de la caricature dans l'antiquité.

Un peintre est occupé devant un chevalet à retracer sur une toile les traits de son modèle ; à droite dessine un petit élève dont la figure est complétement retournée vers le dos, comme si on avait voulu marquer, par cette représentation forcée, la curiosité d'un rapin qui regarde ce qui se passe dans l'atelier au lieu d'étudier? Après le groupe du peintre et de son modèle qui occupent une place importante au centre de la composition, se voient à gauche deux petits hommes dont l'un, dressant le bras vers le chevalet du peintre, semble communiquer ses observations à son compagnon. Derrière eux, une oie ouvrant un large bec pousse un cri stupide.

Un commentateur a vu dans l'oiseau la représentation « d'un chanteur ou d'un joueur d'instruments qu'on avait peut-être coutume d'introduire dans les ateliers pour désennuyer ceux qui se faisaient peindre. »

Certains savants, ignorants des détails de la vie, en sont réduits à chercher des commentaires en eux-mêmes et adoptent quelquefois les plus éloignés de la réalité. Cet oiseau, qui se promène dans l'atelier, me fait penser au caractère des peintres à qui il a toujours fallu quelque bizarrerie tapageuse : des singes, des hiboux, de grands chiens. L'artiste, aimant la liberté, se plaît avec les animaux libres. L'oie mal élevée qui pousse des cris dans l'atelier du peintre est le meilleur de ses amis; il sacrifierait tous les portraits de commande à sa libre fantaisie.

Par ce dessin, certains passages de Pline et de Vitruve sont éclaircis. (La caricature est utile sans le savoir et sans le vouloir.) Dans son *Histoire naturelle*, Pline parle des peintures à la colle et à la fresque dont les moyens de service sont représentés dans la fresque par la petite table à quatre pieds et le pot à nettoyer les pinceaux. Dans un coin le broyeur de couleurs agite la poix punique, l'huile et les couleurs, pour les mélanger également en un tout liquide, pendant leur cuisson dans un vase placé sur des charbons; mais je laisse ces détails scientifiques à d'autres.

Je cherche surtout, dans ces grosses têtes plantées sur de petits corps, l'intention satyrique. Le broyeur de couleurs, les amis du peintre, l'oie, sont de simples détails de mœurs; au comique appartiennent le peintre, son élève et le modèle. Le rapin montre la curiosité de l'enfant, plus occupé de ce qui se passe autour de lui que de la peinture qu'on lui enseigne peut-être durement. L'homme qui pose est un badaud, plein d'étonnement pour un artiste dont chaque coup de pinceau amène un trait de ressemblance; il fera tout à l'heure quelques observations bourgeoises que semble annoncer la bouche pincée du peintre vaniteux, assis devant son chevalet avec le recueillement d'un général se préparant à la bataille.

« Peintre et modèle ne sont que des pygmées, disait à propos de cette peinture M. Louis de Ronchaud dans un article de la *Gazette des Beaux-Arts* sur *Pompéi et les antiquités du Vésuve.* N'y a-t-il pas là comme une intention ironique dans la pensée de l'artiste, une *allusion à la décadence de l'art?* Les peintres de l'époque de Pline pouvaient s'avouer à eux-mêmes qu'ils n'étaient que des nains auprès des géants de l'art. »

Non, répondrai-je, quoiqu'il m'en coûte de contredire un confrère dont l'amour pour les arts est égal à la bienveillance, il n'y a pas d'*allusion* dans cette peinture comique. Non, certainement, les artistes du vivant de Pline, et l'auteur de cette fresque en particulier, n'ont pas voulu peindre un symbole méprisant pour leur époque. Les peintres de Pompéi et d'Herculanum étaient d'habiles décorateurs qui accomplissaient leur tâche, sans s'inquiéter des grands maîtres qui les avaient précédés. L'intention satyrique contre un peintre de l'époque paraît vraisemblable, mais contre toute une époque cela devient une interprétation symbolique un peu littéraire.

Ici il ne s'agit pas de dieux ni de déesses, non plus d'empereurs ou de personnages chargés de hautes fonctions. Par cette fresque nous pénétrons dans l'atelier d'un peintre de l'antiquité, comme les curieux étudient les mœurs du temps de Louis XIII dans l'œuvre d'un Abraham Bosse. Et c'est là l'utile côté de la caricature, que de rendre des détails intimes auxquels se refuse le grand art : par ses indications précises ou symboliques, en leur enlevant la carapace satyrique qui les recouvre, la caricature devient historique pour ainsi dire.

M. Mazois sauva ce tableau en en donnant une gravure dans son important ouvrage des *Ruines de Pompéi*. « Lorsque je le dessinai, dit-il, il menaçait ruine, et il tomba en morceaux dès les premières pluies. » A l'époque où M. Mazois le copia, vers 1800, il n'était pas complet. « Il y manquait, dit le même auteur, un autre oiseau, et, du côté opposé, un enfant qui jouait avec un chien. »

Heureusement Guillaume Zahn a donné la fresque entière, telle qu'elle existait avant l'arrivée de Mazois à Pompéi.

Zahn apporte comme nouveau témoignage dans le débat un oiseau et un chien. On peut sourire de ma découverte : j'en souris moi-même, ayant à faire acte d'érudit et m'arrêtant à des minuties que seul comprendrait peut-être le directeur du Bureau-Exactitude.

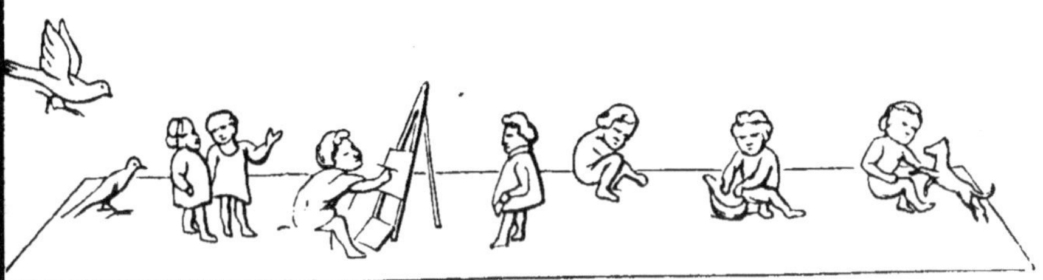

D'après Guillaume Zahn.

Voici donc la fresque dans son entier, avant que l'humidité ne la fît tomber en ruine.

Il est fâcheux que ce dessin de Zahn ait été traité d'une façon si sommaire; car qui n'a pas vu Pompéi peut se promener dans un admirable et savant ouvrage, où apparaît la ville enfouie, reproduite avec une vivacité de couleur et une irréprochable exécution, auprès desquelles pâlissent les publications simultanément entreprises sur le même sujet en Italie, en France et en Angleterre[1].

Que penser de l'oiseau volant dans le haut de l'atelier et qui paraît se diriger du côté du peintre? Je m'en tiens à ma première opinion. Le chien, les oiseaux faisaient partie de l'atelier, et le peintre se délassait de ses rapports avec les fâcheux (ceux

[1] Zahn, *Pompéi*. 3 vol., grand aigle, 1828-1859.

qui le payaient), en regardant s'ébattre et folâtrer des animaux alertes, sans cesse en mouvement, point bavards, et plus naturels que les gens gourmés qui, pour se donner une pose triomphante, font le désespoir des peintres de portraits de tous les temps.

VIII

PARODIE D'ÉNÉE ET ANCHISE.

La caricature n'est pas seulement l'expression du sentiment du peintre emporté par une imagination humoristique. Quoique enveloppée de mystères que chaque jour épaissit, elle a laissé des exemples de personnalités précises, sur lesquelles les savants modernes ont été d'un commun accord. L'auteur du texte du livre *Pittore d'Ercolano*, d'autres érudits, Millin, Panofka donnent tous le dessin suivant comme une caricature d'Énée, d'Anchise et d'Ascagne fuyant.

« Cette particularité, dit Panofka [1], que les exemples cités datent tous de l'empire macédonien, peut

[1] *Parodien und Karikaturen*, brochure in-4°. Berlin, 1851.

inspirer l'idée que ce genre d'art ne s'est développé chez les Grecs qu'à cette époque, idée que les caricatures les plus connues jusqu'ici semblent justifier, parce que nous les rencontrons sur les murs de Pompéi. L'une d'elles montre Énée fuyant avec son père Anchise sur l'épaule et le petit Ascagne à l'autre main ; au lieu de trois Troyens, nous voyons l'action symbolisée par trois chiens. »

Dans ces recherches de dates, je laisse les affirmations à de plus savants que moi. De quelle époque date la caricature d'Énée et d'Anchise? Panofka le fait entrevoir. Il est certain que le peintre a donné, non sans motif, trois têtes de chiens à des personnages à corps humain, et on voit, d'après le dessin, que les anciens n'ont rien à redouter de la comparaison avec les artistes satyriques modernes qui ont posé des têtes d'animaux sur le corps d'hommes du dix-neuvième siècle, pour témoigner sans doute combien leurs passions et leurs vices les rapprochent de la bête.

Pourquoi Énée est-il le seul à jambes d'hommes? Ascagne et Anchise ont des pattes d'animaux.

Pourquoi Énée et Anchise ont-ils de longs *phallus*, que la gravure n'a pu reproduire?

Questions auxquelles il est difficile de répondre.

Suivant un érudit, Énée fut caricaturé en singe pour rendre plus précise une injure littéraire.

« Les anciens, dit-il, avaient du goût pour les re-

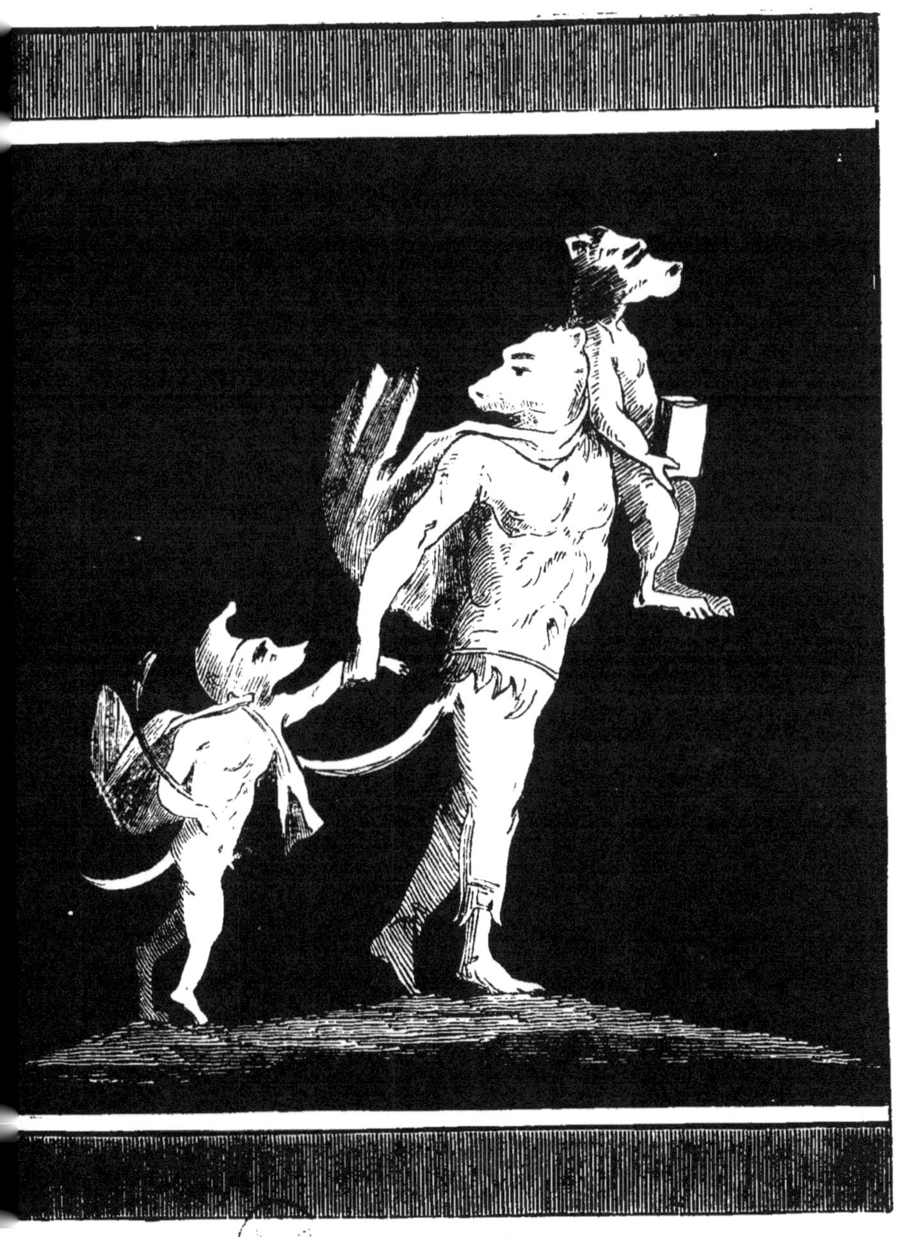

FUITE D'ÉNÉE

Fresque découverte à Gragnano en 1760.

présentations grotesques qu'ils appelaient *cercopitheci*, singes à longues queues, et *cynocephali*, singes à têtes de chiens. Et on sait par Suétone (*Calig.*, 34) et Macrobe (*Saturn.*, V, 13, 17, 22) que les critiques de Rome épluchèrent les fautes, les négligences de l'*Énéide*, et reprochèrent à Virgile son imitation d'Homère, comme Homère lui-même avait été parodié au théâtre par Cratinus dans son Ὀδυσσεύς. »

Ainsi, suivant le même commentateur, ces hommes à têtes de singe représentaient surtout le caractère simiesque de l'œuvre de Virgile. *Singe* était une injure littéraire en faveur à Rome. Pline dit que Rusticus fut appelé le singe des stoïques; Tatianus fut aussi traité de singe; Virgile était donc le singe d'Homère.

La fresque représentant la fuite d'Énée suit pas à pas le texte de l'*Énéide*[1], et peut servir d'*illustration* caricaturale au poëme.

Ascagne est représenté, ainsi que l'indique Virgile, saisissant la main de son père :

> . . . . Dextræ se parvus Iülus
> Implicuit.....

L'enfant a peine à marcher du pas rapide d'Énée, si on en juge par sa chlamyde volant au vent :

> .....Sequiturque patrem non passibus æquis.

[1] Liv. II, v. 717 et suiv

Anchise tient des deux mains la précieuse boite qui contient les dieux Pénates :

> Tu, genitor, cape sacra manu, patriosque Penates.

Anchise est soucieux, Ascagne a peine à suivre son père ; mais Énée, s'efforçant de garder son sang-froid pour rassurer ses compagnons, tourne la tête en arrière, cherchant s'il ne voit pas sa fidèle Créüse. Et ici le texte de Virgile se prête encore à l'interprétation de la fresque :

> Et me, quem dudum non ulla injecta movebant
> Tela, neque adverso glomerati ex agmine Graii,
> Nunc omnes terrent auræ, sonus excitat omnis
> Suspensum, et pariter comitique onerique timentem.

Suivant de Paw, « les Grecs peignaient ordinairement d'après Homère, et les Romains d'après Virgile. Le quatrième livre de l'*Énéide*, qui était le plus généralement lu à cause des aventures de Didon et d'Énée, était aussi le plus généralement représenté dans les tableaux, les bas-reliefs, les tapisseries. Ce sujet-là, dit Macrobe (*Satur.*, liv. V, ch. XVII), est enfin devenu le sujet dominant qui avait fait oublier les autres : les peintres ne se lassaient pas de le répéter, parce que les spectateurs ne se lassaient pas de le voir : on le voyait partout, et on l'a retrouvé plus d'une fois dans les ruines d'Herculanum...

« Ovide dit positivement qu'aucune partie de l'*Énéide* n'était tant lue chez les Romains que le quatrième livre[1]. »

On sait que Carrilius Pictor composa un *Énéidomastix* pour bafouer l'*Énéide*.

Une autre hypothèse m'est suggérée par la collection des pierres antiques de Florence[2]; peut-être la fresque satyrique de la fuite d'Énée fut-elle dirigée contre les graveurs en pierres fines de l'antiquité.

On voit au musée de Médicis, à Florence, deux pierres gravées, sardoine et onyx qui, à quelques variantes sans importance, ont été inspirées ou copiées sur un même modèle. Ces pierres font comprendre la fresque-caricature de Pompéi. Le mouvement, le costume, l'allure des personnages sont semblables sur l'onyx gravé et sur la peinture comique. Seulement l'artiste satyrique a posé des têtes de chiens là où le graveur avait placé des têtes d'hommes.

J'estime, à la vue des deux pierres gravées se reproduisant presque identiquement, que le sujet de la fuite d'Énée et d'Anchise étant très-populaire à Rome, les peintres et les sculpteurs le représentèrent sous toutes les formes, se plaisant

[1] De Paw, déjà cité.
[2] *Gemme antiche* de Florence, t. I, pl. XXX.

à conserver la tradition du premier arrangement, et que cette tradition, indéfiniment répétée sur les

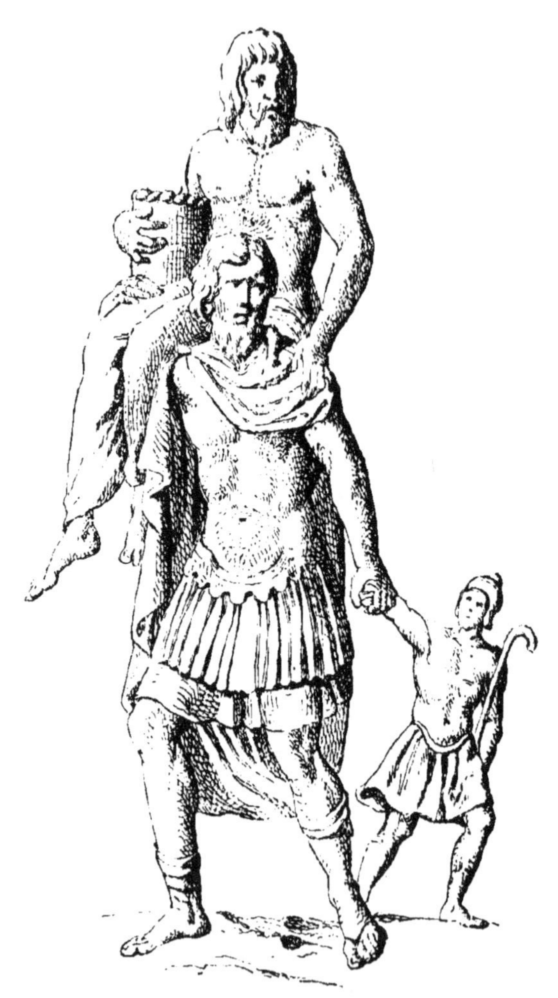

Pierre gravée du musée de Florence.

murs, sur pierre, sur marbre, sur pierres précieuses, irrita un artiste taquin qui, pour en finir avec ce sujet *académique*, le transforma en grotesque.

C'est encore une caricature que le dessin suivant.

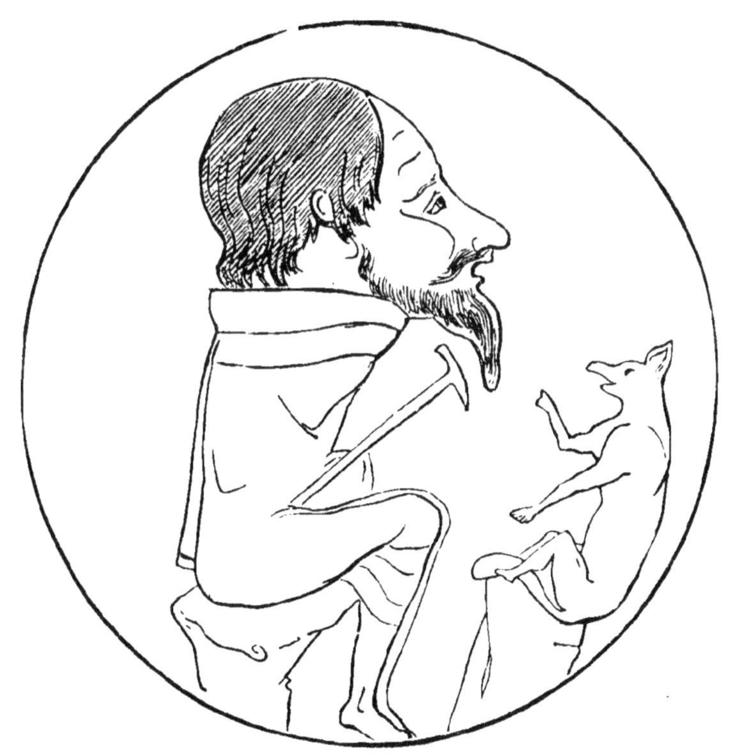

Coupe du musée Gregoriano, à Rome.

Panofka y voit, « *sans aucun doute*, » la figure satyrique d'un philosophe ou d'un fabuliste, représenté par un pygmée à barbe de bouc, muni d'un manteau et d'une béquille : « En face de lui, dit-il, est assis, sur un rocher, comme le sphinx de Thèbes, un renard ; cet animal pourrait représenter aussi le flatteur écoutant dont nous parle déjà Horace dans l'*Art poétique.* »

Qui osera se vanter de dissiper les voiles dans lesquels s'enveloppe l'art antique? Vaines dissertations d'hier, d'aujourd'hui et de demain!

IX

GRYLLES.

Dans la nomenclature des peintres de l'antiquité qui se livraient au grotesque, Pline cite un certain Antiphile qui cultivait à la fois le noble et le comique.

« Antiphile travailla dans l'un et l'autre genre, car il a fait une belle Hésione, Alexandre et Philippe... D'un autre côté, il a peint une figure ridiculement habillée à laquelle il donna le nom plaisant de Gryllus, ce qui fit appeler *grylles* ces sortes de peintures[1]. »

Le mot est resté dans la science archéologique moderne. Qui dit *grylle* dit une pierre gravée repré-

[1] Pline, traduction Littré.

sentant quelque sujet grotesque ou symboliquement comique. Sur le mot chacun s'entend ; mais le texte latin dans sa concision prête à des commentaires, à savoir si le peintre Antiphile créa le nom de *grylle* pour désigner plus spécialement la nature de son crayon plaisant, ou si, frappé par la vue d'un nommé Gryllus, qu'on suppose, d'après le texte, d'apparence ridicule, il n'attacha pas ce nom à toutes sortes de figures plaisantes.

Voici le texte exact : « *Idem* (Antiphile) *jocoso nomine Gryllum deridiculi habitus pinxit. Unde hoc genus picturæ grylli vocantur.* » La version de M. Littré, de même que celle de M. Quicherat, m'eût suffi, lorsque le hasard me fit tomber sous les yeux un article du *Magasin pittoresque* sur les curiosités du cabinet des médailles de la Bibliothèque impériale [1]. L'auteur anonyme de l'article discutait le passage de Pline et donnait de si bonnes raisons à l'appui de son interprétation qu'il faut le citer tout entier [2].

[1] Est-il besoin de dire combien, sous une forme claire et à la portée de tous, cette excellente revue a inséré de remarquables travaux, dus quelquefois à des savants de haute valeur qui s'efforcent de mettre le résultat de toute une vie de travail à la portée du peuple?

[2] J'ai su plus tard son véritable nom et je dois d'autant moins le cacher qu'une petite révélation bibliographique rendra à l'auteur d'un livre plein d'humour la part de publicité qu'il n'a jamais cherchée. L'article est de M. Anatole Chabouillet, conservateur du cabinet des médailles, le même qui, sous un pseudonyme, prit part,

« Voici la traduction que je proposerais, dit M. Chabouillet, si j'avais autorité dans l'école : « Le « même peignit en caricature Gryllus au nom bur-« lesque; d'où vient le nom de *grylles* à ces sortes de « peintures. » Si je ne me trompe, les traducteurs de Pline n'ont pas arrêté leur attention sur ce passage, qui n'est important que pour celui qu'intéresse sérieusement ce petit point d'archéologie. Aussi se sont-ils contentés du premier sens que les mots de l'écrivain présentent à l'esprit; ils n'ont pas songé à se demander pourquoi Antiphile, ayant fait une figure grotesque, lui aurait donné le nom de Gryllus plutôt que tel autre; c'est qu'aucun d'eux, au moins de ceux que je connais, n'a songé, en traduisant ce passage, qu'il existât un Gryllus dans l'histoire. Selon moi, au contraire, il est évident qu'Antiphile fit, non pas une figure grotesque qu'il nomma Gryllus, mais bien la caricature de Gryllus, nom célèbre dans l'antiquité, oublié aujourd'hui, même des érudits; car enfin la caricature ne prend pas d'habitude ses types dans son cerveau, elle les choisit dans le monde créé, et se contente de leur donner l'aspect ridicule, *ridiculum habitum*. Surtout la caricature, pour plaire à la multitude, s'at-

avec un historien (M. Alfred Mainguet), à la composition du meilleur des livres pour dérider l'homme à ses heures de marasme : *Polichinelle*, drame en trois actes, publié par Olivier et Tanneguy de Penhoët, et illustré par George Cruishanck. Paris, 1836.

tache volontiers aux noms célèbres et honorés, particulièrement lorsque ces noms prêtent au ridicule. Or, est-il rien de plus burlesque qu'un nom propre qui, en grec, sous la forme *Gryllos*, est à la fois celui de deux animaux, le cochon et le congre, et qui en latin, sous la forme *Gryllus*, est celui du cricri ou grillon? D'un autre côté, quoi de plus glorieux que le nom de Gryllus au temps d'Antiphile, alors que chacun savait que c'était celui du père de Xénophon, et surtout celui de son fils? Ce second Gryllus fut, en effet, un des plus illustres guerriers de la Grèce; non-seulement il accompagna son père dans sa célèbre expédition de Perse, mais encore, au dire des Athéniens et des Thébains, c'est lui qui eut l'honneur, payé de sa vie, de porter le coup mortel à Épaminondas dans la journée de Mantinée (362 ans avant J.-C.). Ses hauts faits lui valurent une telle renommée que Diogène Laërce nous apprend qu'il fut célébré par d'innombrables panégyriques en prose et en vers. On sait, de plus, que les Mantinéens déclarèrent que des trois *mieux faisants* de la journée, Gryllos, Céphisodore de Marathon et Podarès, c'était Gryllos qui devait avoir le premier rang; aussi lui avaient-ils fait rendre les derniers devoirs aux frais du trésor public; et, non contents de cet honneur si haut prisé dans l'antiquité, ils lui avaient élevé une statue équestre non loin du théâtre. Les Athéniens n'avaient pas non plus oublié de rendre hommage à ce héros; ils avaient fait peindre par Euphranor la bataille de Mantinée dans le Céramique; et, dans cette peinture, Gryllus était représenté dans l'action de tuer Épaminondas. Les Mantinéens, à tous ces honneurs que je viens de rappeler, ajoutèrent encore celui de faire placer, dans un de leurs temples, une copie de la peinture d'Euphranor ; et pourtant, s'ils lui accordaient le prix de la valeur, ils lui contestaient la mort d'Épaminondas, qu'ils attribuaient à un certain Machœrion. Certes, voilà un homme dont le nom est à la fois assez ridicule pour prêter à rire aux sots, et assez illustre pour tenter la veine comique d'un caricaturiste. Ce n'est pas d'aujourd'hui que l'on ose faire la *charge* des noms et des choses les plus dignes de respect. Il y aura bientôt deux mille ans qu'Horace disait que « les peintres et les poëtes avaient également le pou-« voir de tout faire entendre :

« . . . . . Pictoribus atque poëtis
« Quidlibet audendi semper fuit æqua potestas. »

« Ils osaient tout parodier en effet, les dieux comme les héros, la vertu comme le vice : ne voit-on pas, sur des vases ou des pierres gravées, des caricatures qui ridiculisent aussi bien la piété filiale d'Énée que l'adultère meurtrier de Clytemnestre, la naissance de Minerve et la mort du Sphinx ? Je crois donc, pour revenir à notre texte de Pline, qu'Antiphile, ce célèbre rival d'Apelle, n'a pas peint, comme l'ont cru les traducteurs de l'encyclopédiste romain, grâce à la brièveté obscure de sa phrase, une figure qu'il nomme Gryllus; mais il a peint Gryllus, dont il fut le contemporain, et dont la représentation dans le Céramique d'Athènes était encore dans tout l'éclat de la nouveauté lorsqu'il se divertit à en faire une caricature, et il le peignit sous une forme grotesque, *ridiculi habitus*. Cette forme grotesque, on peut la deviner; sans doute il en avait fait un monstre composé des trois animaux que *gryllos* et *gryllus* désignaient en grec et en latin. De là le nom de *grylles* donné à ces peintures, dit Pline. En effet, dans la série des pierres gravées nommées grylles par les antiquaires, on remarque surtout des figures composées de têtes et de corps d'animaux divers, capricieusement réunis, de manière à former des êtres monstrueux ou chimériques. »

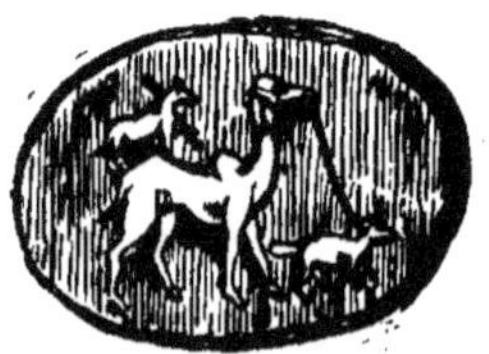

On voit au cabinet des médailles de la Bibliothèque impériale une vitrine qui, malheureusement, ne contient pas assez de spécimens de ces grylles, et cependant renferme la cornaline ci-dessus qui représente

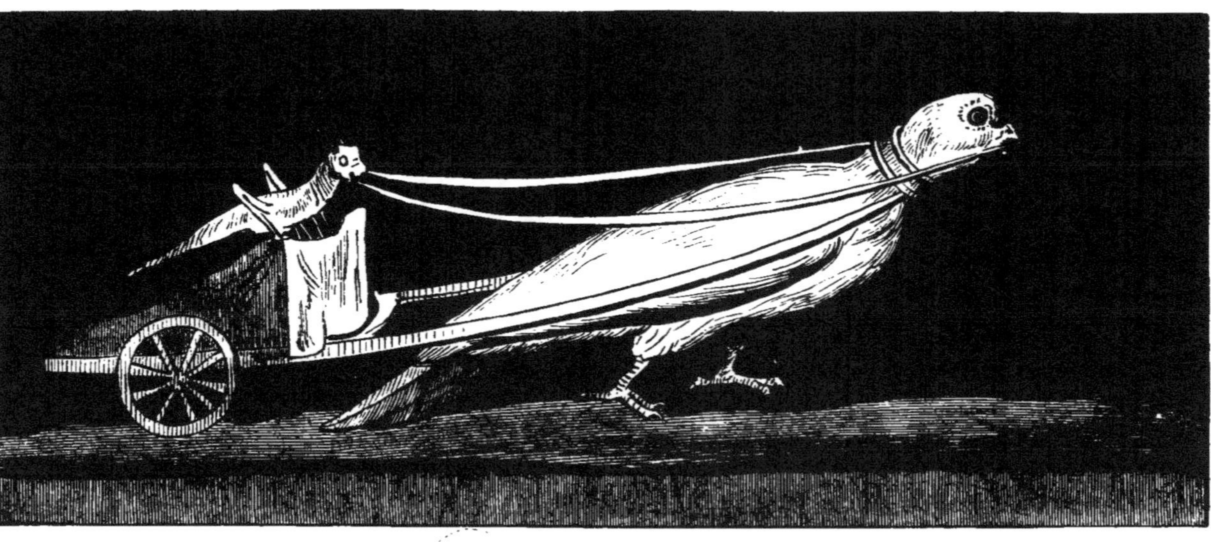

FRESQUE

Trouvée à Herculanum en 174[illegible].

deux chiens et un dromadaire, le premier chien avec un bâton faisant l'office de cocher et le dromadaire traîné par un chien penaud. Ces sortes de *caprices*, plutôt que caricatures, dans lesquels jouent un rôle les animaux, étaient fréquents dans l'antiquité. On en rencontre peints à fresque sur les murs, sculptés et gravés en creux sur des gemmes, ou en relief sur des médailles. Une peinture trouvée en 1745 dans les fouilles d'Herculanum est le type de ces fantaisies encore inexpliquées.

Les commentateurs n'ont pu découvrir le sens de cette allusion. « Je pense, dit le rédacteur du livre *Pittore antiche d'Ercolano* (Naples, 1757), que cela peut être une satyre parlante, faisant allusion à quelque signe particulier, exprimant dans la figure du grillon et du perroquet le caractère de deux personnages, dont le premier avait de l'empire sur l'esprit du second. Cette satyre a peut-être aussi quelque rapport à leurs noms. » Explications qui me semblent tomber devant la multiplicité de ces sujets.

Quelquefois c'était un animal fabuleux, énorme et portant das ailes aux flancs, qui traînait une toute petite sauterelle, placée sur le haut d'un char; cette peinture se trouve au musée de Naples. Un érudit de nos jours a voulu voir ici Sénèque dirigeant l'empereur Néron. Je laisse le champ libre aux défricheurs d'hypothèses, préférant donner, comme plus claires que toutes les interprétations, deux petites pierres gravées, tirées des *Parodien und Karikaturen*, de Panofka.

« Comme *caricature d'animaux de la mythologie héroïque*, dit-il, nous trouvons au Musée royal de Berlin une pâte jaune qui représente sans doute (?) une caricature de l'*assassinat d'Agamemnon par Clytemnestre*, laquelle est coiffée d'une tête de chèvre par allusion à Égisthe. M. Folken, qui ignora le sens et l'importance de ce document, le décrit de cette manière : « Un hibou, qui a une étrange figure et « deux bras d'homme, élève une hache à double « tranchant pour couper la tête d'un coq dont il a « pris la crête dans une de ses griffes. »

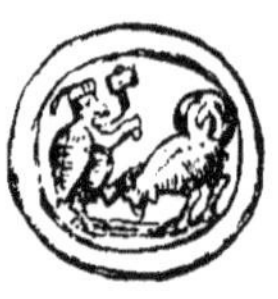

Au premier abord, trompé par les représentations d'animaux qui se voient fréquemment sur les pierres précieuses, on est tenté de ranger dans la famille des grylles la gemme suivante :

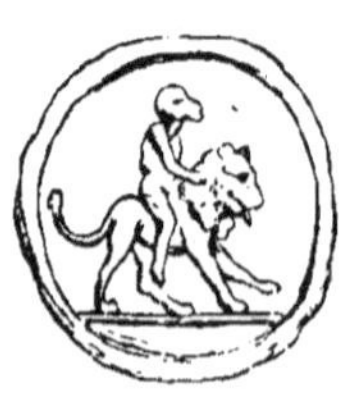

Mais la face de cette pierre, dont il existe un moulage au cabinet des médailles, les inscriptions qui se trouvent dessus et dessous, enlèvent toute idée de satyre[1].

Une pierre gravée, du musée de Berlin, représente une souris dansant devant un chat qui joue de la flûte à double tuyau; une autre, une ourse faisant danser un écureuil.

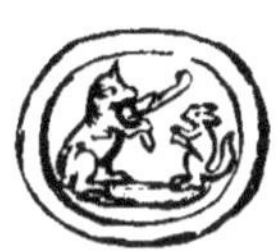

Les graveurs sur pierres de l'antiquité se sont plu à ce genre de caprices qui font penser aux fables d'Ésope; mais je ne peux qu'effleurer en passant ce sujet qui demande une plume spéciale, et, ainsi que Panofka, je souhaite que l'art des grylles soit commenté par un érudit qui devra rechercher ces gemmes si finement travaillées et surtout en donner de nombreux dessins.

[1] M. Chabouillet a décrit ainsi la gemme :

« 2195. *Endroit.* Harpocrate nu, debout, portant la main à sa bouche. On distingue dans la légende les noms d'*Abraxas* et de *Cnouphis.*

« *Revers.* Anubis monté sur un lion passant. Légende confuse dans laquelle on distingue ΑΒΡΑΞΑΣ, *Abraxas.* Jaspé fleuri. H., 13 mill.; l., 11 mill. »

X

CAPRICES ET CHIMÈRES.

Il n'est pas rare de rencontrer, dans les grands musées de l'Europe consacrés à l'antiquité, des pierres précieuses sur lesquelles sont gravés de bizarres caprices où l'animal joue un rôle inexpliqué jusqu'ici.

C'est un coq hardi, tenant un épi de blé dans le bec, et à côté de lui un petit Mercure, une bourse à la main, qui semble la lui offrir. *Gallo e Mercurio*, ainsi l'appelle Maffei. (*Gemm. antiche*, t. II, pl. VIII.)

Le coq joue un grand rôle dans ces fantaisies, où tantôt l'amour (ou petit génie ailé) lui présente un rameau, et tantôt, le même rameau en main, conduit un char attelé de deux coqs [1].

[1] Voir *Musée de Florence*, t. II, p. 68 et 76

Aussi fréquemment que le coq reparaît le masque socratique accolé à des têtes d'animaux, cheval, bouc, de l'assemblage desquels se détachent épis de blé et caducée. Il semble que l'idée de paix, de commerce prospère, de riches moissons, soit attachée à ces étrangetés qu'on appelait, non sans justesse, au dix-huitième siècle : *Chimères*.

Des cornalines représentent aussi : les unes le profil noble d'un Méléagre accolé à une tête de sanglier ; les autres, Minerve formant une association avec un masque noble et presque toujours le masque socratique [1].

M. de Caylus possédait dans sa collection une belle cornaline attribuée, suivant lui, à un artiste grec. Sur la pierre était gravée une figure noble représentant une sorte de Pallas avec bouclier et lance ; à l'épaule de la déesse était accolé un masque socratique (on pourrait dire sarcastique), et le buste était terminé par une figure noble.

« Dans ces compositions fantastiques, dit le comte de Caylus, on trouve toujours une tête qui ressemble à Socrate et souvent adossée contre une autre jeune et agréable, qu'on ne balance point à donner à Alcibiade. Cette dénomination peut être aussi bonne qu'une autre, surtout quand on ne peut en trouver

[1] Pour la comparaison de ces divers symboles, voir surtout le deuxième volume des *Pierres* de Jacob Gronovius, Lugduni Batavorum. CIↃ IↃ CC VII.

une meilleure; mais il sera toujours singulier qu'une critique, ou, si l'on veut, une plaisanterie si répétée à Athènes, ne soit indiquée par aucun auteur, et que les Romains, qui ont si souvent copié ces sortes d'ouvrages grecs, soient par conséquent entrés dans la plaisanterie, et qu'ils l'aient en quelque façon adoptée sans avoir rien dit qui puisse nous la faire concevoir.

« Je voudrais, ajoute philosophiquement Caylus, que le hasard me fournît souvent des morceaux pareils à celui-ci. Ils plaisent à l'œil et conduisent à des réflexions utiles. »

Têtes renversées singulièrement accouplées, groupées avec d'autres têtes, formant des animaux extravagants, telles sont ces pierres précieuses, symboles plutôt que caricatures.

Une autre cornaline du même cabinet représentait un animal bizarre ainsi formé : le corps composé de trois têtes dont un masque grave assujetti sur le dos ; un bouc formant la partie postérieure des naseaux desquels sortent trois plumes de paon, plus un animal accolé au poitrail dont le nez s'allonge tout à coup en col de cygne terminé également par une tête d'oiseau.

« La disposition du masque tourné vers le ciel, dit le comte de Caylus, et le croissant de la lune au milieu de deux étoiles placées dans la partie supérieure et une dans l'inférieure, pourraient faire croire qu'il s'agit ici de la critique d'un astrologue : le fait est vraisemblable, et cette apparence excuse la conjecture. »

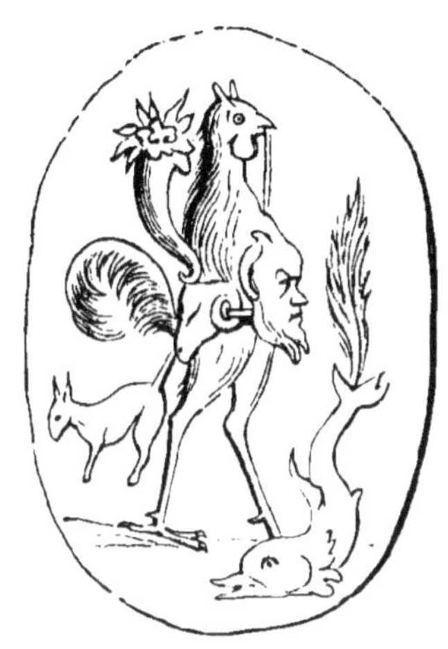

D'après une pierre du cabinet Caylus.

La chimère ci-dessus peut donner une idée de ces gemmes mystérieuses. Ici, quoi qu'en dise le comte de Caylus, je ne vois aucune apparence de parodie. Ce que cache un assemblage d'animaux et de symboles de paix (le rameau, la corne d'abondance), je ne tenterai pas de l'expliquer ; mais la fréquence du masque socratique, dont le dessinateur n'a pas assez accusé le nez, fait songer aux questions énigmatiques que se posaient les rhéteurs de l'antiquité.

« C'est une jeune fille qui rampe, qui vole, qui marche. Elle emprunte à la lionne son allure et ses bonds. Par devant, on voit une femme ailée, au milieu, une lionne frémissante, par derrière, un serpent qui s'enroule. Ce n'est cependant ni un serpent, ni une femme, ni un oiseau, ni une lionne ; car fille, elle est sans pieds ; lionne, elle n'a pas de tête : c'est un mélange confus d'êtres divers, et ses parties imparfaites forment un tout complet. »

Telle est une épigramme de Mésomède sur le Sphinx, non sans analogie avec ces pierres gravées.

« On ne peut douter, dit M. de Caylus, que l'assemblage ridicule, ou du moins contraire à la nature de plusieurs têtes mêlées quelquefois avec des corps ou des parties d'animaux, et toujours placées en différents sens, n'ait tiré son origine de la Grèce ; on prétend même que cette sorte de critique a été, en premier lieu, employée par Socrate. Le fait pourrait être contredit ; mais cette plaisanterie, ou plutôt cette espèce de satyre s'est perpétuée ; on la voit même souvent répétée plus d'une fois, d'autant que les Romains l'ont adoptée. Nous ne pouvons en douter, non-seulement par la quantité de copies en ce genre que cette nation nous a laissées de plusieurs ouvrages grecs, mais par les gravures qu'elle a produites, et dont l'objet était semblable. »

Dans ces matières ardues, qui m'ont fait interroger vainement plus d'un érudit, le mieux est d'exposer un dessin comme on étend le cadavre d'un inconnu à la Morgue pour qu'il soit reconnu. Les chercheurs viennent tour à tour regarder le dessin et apportent leurs lectures à l'appui, car l'explication s'en trouve quelque part ; mais quel livre, quelle page feuilleter qui servent de commentaire à ces pierres précieuses et permettent d'écrire au-dessous : Philosophie des images énigmatiques? Et pourquoi ne peut-on interroger à ce propos le savant Buttman, qu'on a appelé si justement l'Œdipe de l'anthologie?

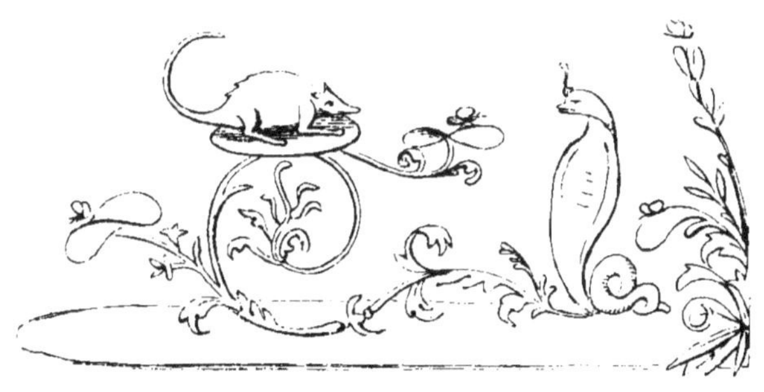

Fresque du musée Borbonico.

Les animaux, à travers les rôles fantasques que les graveurs en pierres fines leur faisaient jouer, ne s'enveloppèrent pas toujours d'autant de mystères que dans les symboles précédents. Si quelquefois ils ne sont que caprices d'ornementation comme dans la fresque ci-dessus, le plus souvent les pierres gravées nous les montrent dans de petits drames qu'on expliquera certainement un jour.

Un beau jaspe rouge du musée Médicis de Florence a fait travailler l'esprit des commentateurs, qui ont voulu connaître le sens de la représentation d'un renard perché sur un char et conduisant deux coqs. Pourquoi la vigilance est-elle conduite par l'astuce, car le coq a toujours été le symbole de la vigilance, comme le renard de la ruse[1]?

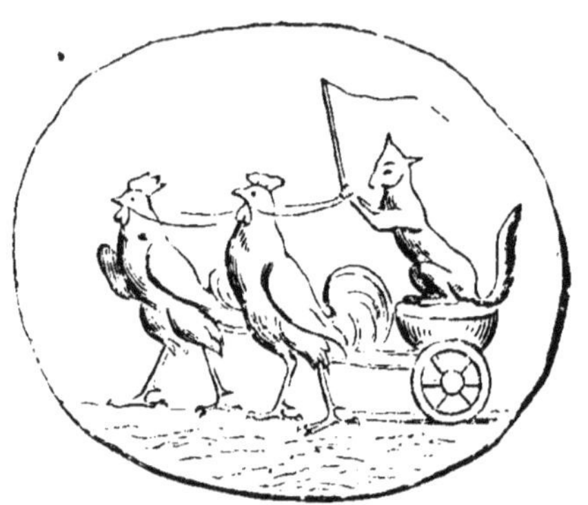

Jaspe rouge du musée de Florence.

Le renard qui fouette et tient par la bride les deux coqs à son char, dit un archéologue italien, signifie l'astuce avec la vigilance, nécessaires aux entreprises, comme dans l'épigramme suivante :

« Un renard menteur est traîné sur un char rapide et frappe, rusé, des oiseaux vigilants. L'astuce industrieuse roule des soucis qui ne dorment ja-

[1] Horace disait à propos du renard :

Nunquam te fallant animi sub vulpe latentes.

(Que jamais les esprits cachés sous le renard ne te trompent.)

Dans une sorte d'apologue, Plutarque conte qu'un léopard méprisait un renard parce qu'il n'avait pas, comme lui, la peau bariolée de tant de charme de couleurs. A quoi le renard répondit qu'il avait dans l'esprit cette variété de couleurs que le léopard a sur le dos.

mais; perfide, elle se sert de fourberies continuelles. »

M. de Caylus a fait graver deux gemmes appartenant au même ordre d'idées.

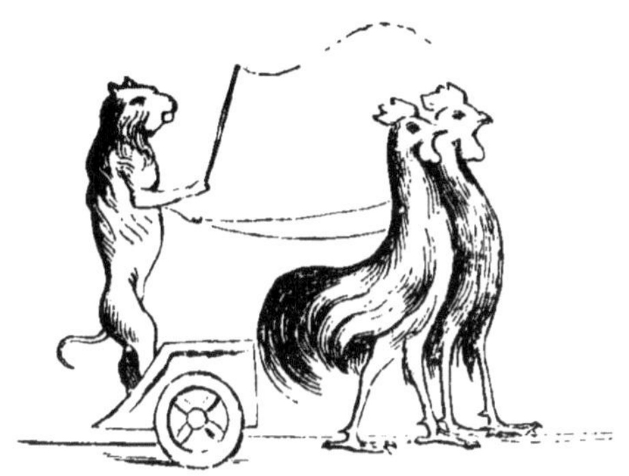

Améthyste du cabinet Caylus.

« Voici, disait-il, deux pierres romaines très-mal travaillées qu'on ne peut regarder que comme des plaisanteries. L'une est sur une améthyste, et représente un lion dans un char tiré par deux coqs; l'autre est sur un jaspe rouge. Un dauphin tient assez comiquement son fouet pour conduire le char sur lequel il est monté, et auquel deux chenilles sont attelées.

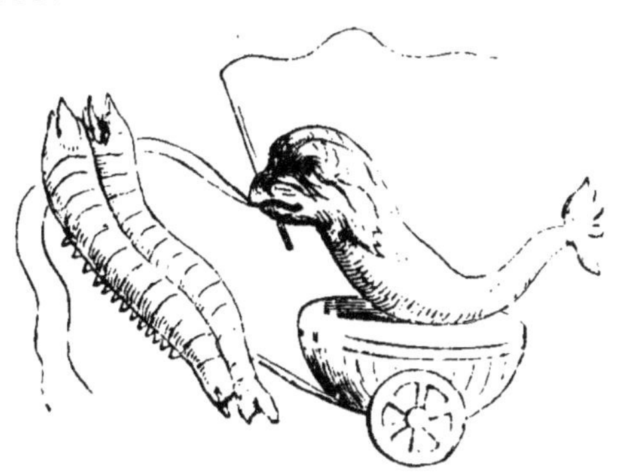

Jaspe rouge du cabinet Caylus.

« Tout me paraît confirmer, dans ces compositions bizarres, l'idée d'un amusement, d'un caprice, d'une fantaisie de graveur. J'aime mieux expliquer ainsi ce sujet que de recourir à des allégories, ou bien à des allusions critiques sur les gouvernements ; celles-ci ne satisferaient point les lecteurs en proportion de la peine qu'elles m'auraient coûtée pour les imaginer. D'ailleurs, dans des matières aussi arbitraires, il est permis à tout le monde de se livrer à des idées particulières. »

Ce spirituel archéologue avait de la modestie, de la bonne humeur et de la bonne foi.

Les gravures sur pierres, qui représentent des animaux attelés à des chars, conduits le plus souvent par des insectes ou d'autres faibles animaux, n'offrent jusqu'ici aucune clarté. Un griffon conduit par un perroquet indique, suivant un commentateur, l'image de Sénèque conduisant l'empereur Néron, suivant un autre l'empoisonneuse Locuste et Néron son complice.

Pourquoi baptiser ces caprices inexplicables ? A propos de sujets identiques, M. César Famin disait justement [1] :

« Il arrive souvent que les commentateurs s'épuisent en conjectures pour découvrir un sens caché qui n'était pas dans l'intention des anciens.

[1] *Description du Musée secret de Naples*. Paris; Abel Ledoux, 1836.

« Les artistes qui peignaient les fresques et les arabesques dans les *triclinium* et les boudoirs de Baïa, de Pompéia, d'Herculanum, s'abandonnaient à toute la folie de leurs caprices, à tout leur dévergondage d'idées. Ils ne songeaient qu'à satisfaire la passion du maître, sans s'inquiéter de la moralité de l'art.

« Les commentateurs nuisent quelquefois à l'intérêt de l'art, lorsqu'ils donnent des explications forcées et qu'ils semblent se complaire dans les contradictions. Le mieux serait de laisser un sujet antique dans ce vague mystérieux qui a bien plus de charme pour l'amateur que ce conflit d'érudition et de science, qui n'est ni l'erreur ni la vérité. »

XI

ANTHOLOGIE, LUMIÈRE DANS LA QUESTION.

Voici, d'après une pierre gravée, une cigogne armée allant gravement en guerre.

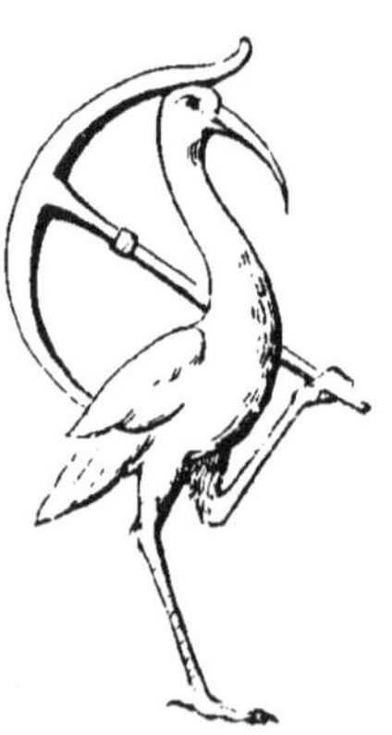

Pierre gravée du musée de Florence.

Ici les explications manquent tout à fait, mais il n'en est pas de même du grillon porteur de paniers.

« Une colonne, dit un commentateur italien, indique que le chemin est la voie publique ; sur cette colonne est une horloge solaire telle que les anciens

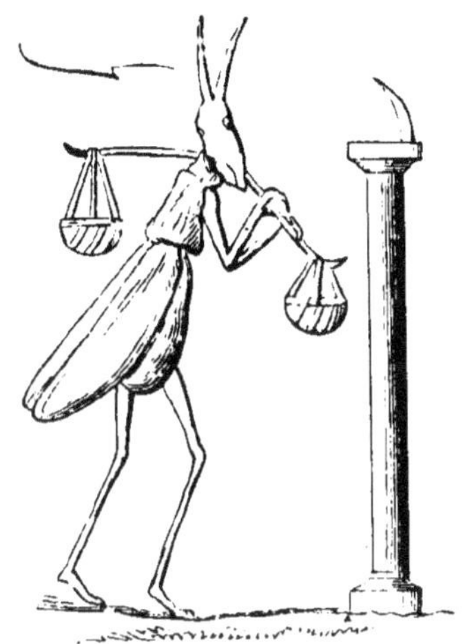

Pierre gravée du musée de Florence.

en plaçaient sur les temples des dieux, dans le forum, sur la voie publique, dans les bains, aux gymnases, aux écoles. Pline dit que les Romains en tirèrent l'origine des Grecs. Les colonnes telles que celle-ci ont servi plus tard, et chez nous aussi, à établir des fontaines dont l'eau tombe dans un bassin ; on pose également une urne dessus. Sur ces colonnes était quelquefois inscrit le nom de l'homme qui avait dédié l'horloge solaire au bien public... Une curieuse sardoine représente un papillon, symbole de la vie, posé sur le cadran solaire au haut de la colonne, et paraissant regarder les heures. »

Ces gravures en pierres fines montrent le rôle que les anciens se plaisaient à faire jouer aux singes, aux loups, aux renards, aux cigognes, aux tour-

8.

terelles, aux grues et quelquefois aux mouches.

Une pierre gravée représente deux abeilles attelées au joug, et une autre abeille conduisant la charrue. *Jocosa aratio, aratore ape, et similiter*

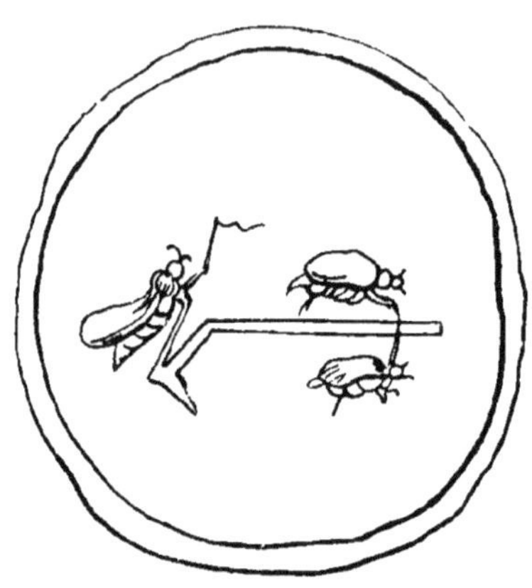

duabus aratrum ducentibus et jugo junctis. Sorte de labourage pour rire.

M. Henri Lavoix a donné dans le journal *l'Illustration* (5 mars 1853) le dessin d'une pierre curieuse, dont il a dit : « Cette cigale, debout sur ses

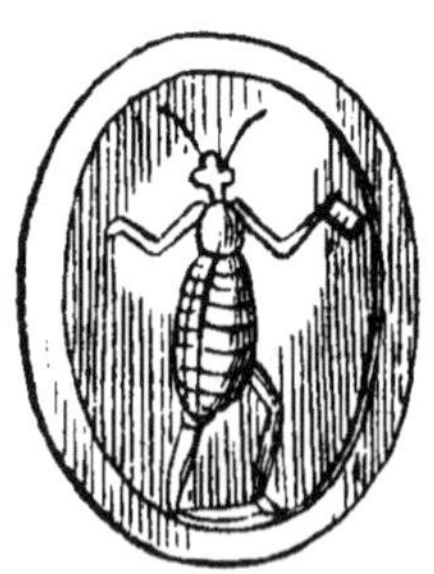

pattes de derrière et dont une des pattes de devant agite une assourdissante crécelle, désigne sans doute quelque avocat criard du Forum : mais lequel? Reprenez la liste depuis Saléius jusqu'à Boutidius, et vous en trouverez cent pour un que vous cherchez. »

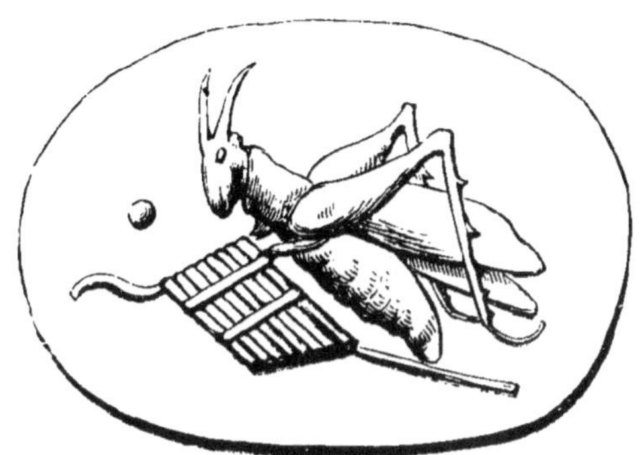

Pierre gravée du musée de Florence.

A ce même ordre de caprices se rattachent les pierres ci-contre, dont on trouvera beaucoup d'analogues dans l'ouvrage de Maffei (*Gemm. ant.*, fig., part. II, p. 225 et suiv.), qui a analysé et reproduit les pierres du musée de Florence[1].

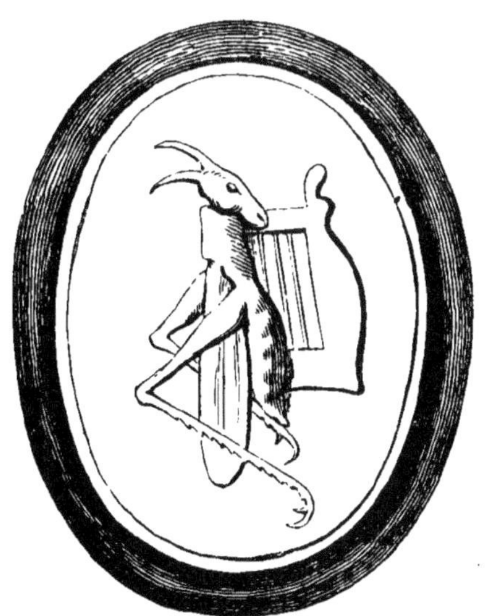

[1] Dans quelques monuments on voit des cigales gravées sur les

Grâce à l'*Anthologie*, on arrive, comme pour la figure suivante, à des explications par à peu près de ces fantaisies dont quelques-unes semblent inspirées par les poëtes :

La lyre sur laquelle grimpe un rat voulant ronger les cordes est célèbre par une épigramme de Tullius Geminus (*Anthologie*, liv. I, ch. XXII), dont un helléniste a donné la traduction littérale :

« Un rat gourmand de toute espèce de repas, ne craignant pas la souricière et enlevant même à la mort ses profits, rongea la corde au nerf résonnant de Phœbus. Celle-ci, en se retirant sur sa barre, étrangle le gosier de la bête. Nous admirons la sûreté

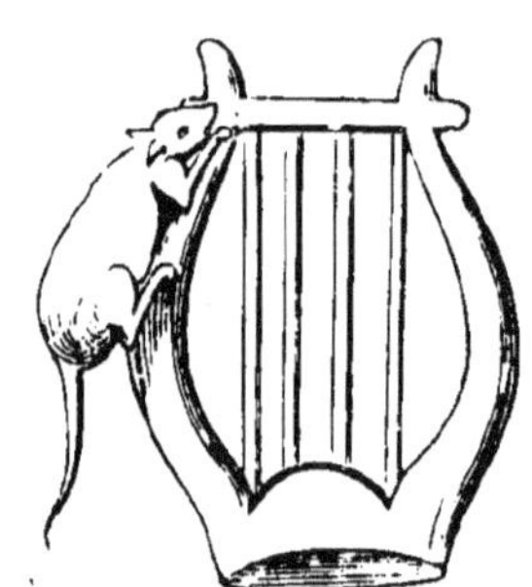

D'après les *Pierres antiques* de Maffei.

de l'arc (ou) des traits (du dieu), mais il a encore maintenant (dans sa) lyre une arme sûre contre ses ennemis. »

lyres, sans qu'il y ait intention de parodie. La cigale était consacrée à Apollon, et d'elle le poëte Anacréon disait : « Doux prophète de l'été, la cigale est vénérée de tous les mortels. »

Pendant l'impression de cette monographie, un érudit modeste, M. Dehèque, dont il faut dévoiler l'anonyme, livrait au public un important travail de plusieurs années[1].

« J'avais juré mille fois de ne plus faire d'épigrammes, dit un poëte inconnu, car je me suis attiré la haine de beaucoup de sots; mais quand je vois la figure de Paphlagon, je ne puis me défendre de cette maladie. »

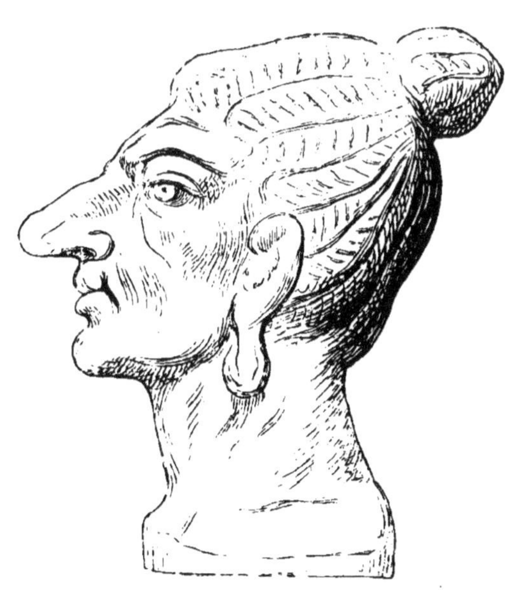

Bronze du cabinet des médail .

Sous ces vers, ne pourrait-on mettre un petit

[1] Ouvrage vraiment utile que l'*Anthologie grecque*, traduite pour la première fois en français (2 vol. in-12, Hachette, 1863). Plus d'une peinture antique est expliquée par ces épigrammes, et plus d'un renseignement relatif à la vie et aux œuvres des artistes jaillit de cette importante traduction.

bronze du cabinet des médailles, que M. Chabouillet a ainsi décrit : « 3098. Caricature. Tête de emme au nez énorme, avec d'immenses pendants d'oreilles. Les cheveux sont tressés et noués sur le derrière de la tête. H., 6 cent.

« Caylus voit un homme grotesque dans cette figurine qu'il a publiée au tome VI de son Recueil, p. 277, pl. LXXVII, n° 4. »

Le nez, peut-être accusé d'une façon encore plus comique dans l'original, fait penser à l'épigramme de l'*Anthologie*, « Sur les gens difformes, » attribuée à l'empereur Trajan :

« Mets ton nez devant le soleil, et son ombre pourra montrer l'heure à tous les passants. »

C'est un des motifs favoris de grotesque pour les poëtes satyriques, qu'un nez qui offre quelque développement. Cet appendice les rend intarissables, et on croirait lire des fragments d'ún *Tintamarre* grec :

« Milon au long nez, dit Lucien, flaire parfaitement le vin, mais il est lent à dire de quel cru il arrive. Trois jours d'été ne lui suffiraient pas, vu la longueur de son nez qui n'a pas moins de cent coudées. O la belle trompe ! quand Milon traverse un fleuve, il y prend des poissons. »

Une épigramme de Nicarque est encore plus hyperbolique :

« Je vois le nez de Ménippe, et lui-même ne doit plus être loin. Il arrivera, attendons seulement ; car j'estime qu'il ne doit pas être à cinq stades de distance. Mais vois comme son nez avance. Si nous étions sur une colline élevée, nous apercevrions Ménippe en personne. »

A défaut de dessins sur ce sujet joyeux, c'est dans l'*Anthologie* que je puise ces fragments comiques, terminant par l'épigramme d'un anonyme :

« Le nez de Castor est une pioche de terrassier, une trompette s'il ronfle, une serpette pour la vendange, une ancre de vaisseau, un soc de charrue, un hameçon pour la pêche, une fourchette de table, un biseau de charpentier, une serpe de maraîcher, une hachette de maçon, un marteau de porte cochère. Ainsi Castor, qui porte un nez approprié à toute sorte d'usages, a obtenu du sort un instrument utile. »

XII

CARICATURE DE CARACALLA.

« L'antiquité, qui nous apparaît sous un aspect presque toujours grave dans le lointain de l'histoire, n'avait pas moins que les modernes l'instinct de la plaisanterie. » Ainsi parle M. Lenormand dans un mémoire[1] à propos d'une statuette satyrique du musée d'Avignon, que le catalogue désigne ainsi : « Un nain couronné de laurier, qu'on dit être la caricature de Caracalla distribuant d'une main des petits gâteaux et tenant de l'autre un panier de friandises[2]. »

[1] *Institut de correspondance archéologique*, atlas, vol. II, 1834-38.

[2] « J'ai admiré au musée d'Avignon une excellente petite caricature de Caracalla représenté en marchand de petits pâtés, » dit Stendhal dans les *Mémoires d'un Touriste* (1838, 2 vol. in-8°). M. Mérimé est également du même avis : « Une petite caricature de Cara-

Au même musée se voit également une autre figure grotesque de bronze.

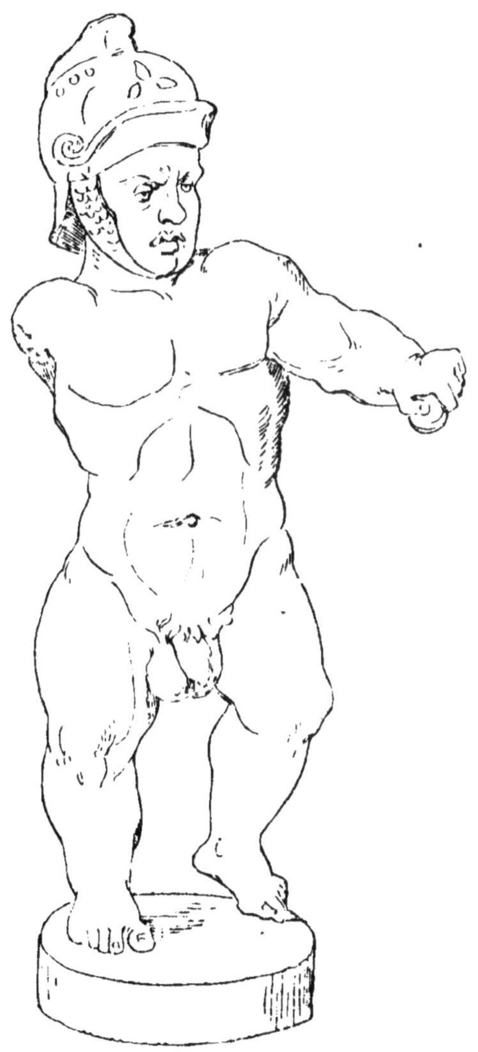

calla, représenté en marchand de petits pâtés, est un chef-d'œuvre qui prouve qu'en France on a toujours eu le sentiment exquis du ridicule; c'est la meilleure *charge* que j'ai vue, et M. Dantan devrait l'étudier comme un modèle classique. » (Mérimée, *Voyage dans le Midi de la France*. 1835, in-8°.)

« Toutes deux, dit M. Lenormand, passent pour des imitations grotesques de l'empereur Caracalla. Cette opinion, incontestable en ce qui concerne le *héros* couronné de laurier qui tient des gâteaux dans une corbeille et semble les vendre ou les distribuer, me paraît plus douteuse si on l'applique à l'autre *héros* nu et casqué dont le bras gauche devait tenir un bouclier, et le droit, qui manque, brandir une lance. Une jolie figurine du Cabinet de France reproduit le même motif, sans qu'on démêle dans la tête rien qui rappelle les traits de Caracalla. Toutefois, après avoir exprimé nos doutes, nous devons ajouter que la vraisemblance demeure en faveur de ceux qui reconnaissent un Caracalla dans notre *héros combattant*.

« L'auteur de la caricature, en nous montrant Caracalla sous les traits d'un dieu, n'a choisi ni Hercule, ni aucun des habitants de l'Olympe distingués par leur force ou leur beauté : il a choisi Vulcain, le dieu laid et difforme par excellence. La courte tunique attachée sur l'épaule gauche, détachée de la droite, est caractéristique du dieu hémiurge. L'exiguïté de la taille, les jambes courtes et difformes, conviennent aussi bien à Vulcain qu'à Caracalla. »

M. Lenormand cherche encore d'autres preuves dans les détails de la seconde statuette pour montrer qu'ils ne peuvent appartenir qu'à Caracalla.

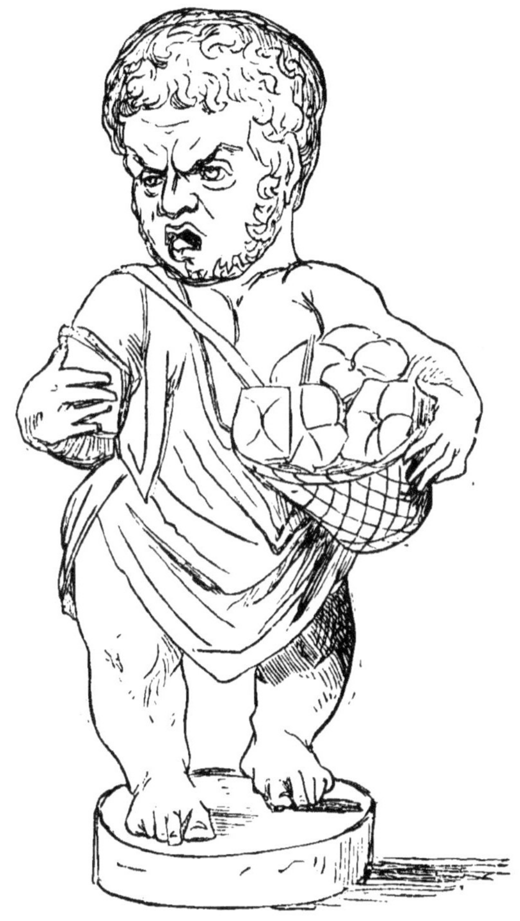

CARACALLA.

« La couronne de laurier sur la tête du dieu n'est peut-être pas seulement un attribut impérial. D'abord on voit fréquemment une coiffure semblable sur la tête de Vulcain ; sans doute aussi devons-nous chercher ici une allusion à ces *couronnes d'or* que Caracalla se faisait décerner par les villes à chaque prétendue victoire, et qui, suivant le prétendu témoignage de Dion Cassius, n'étaient qu'un prétexte pour d'odieuses exactions. La corbeille que tient Caracalla est évidemment la *sportella* qui servait aux libéralités publiques des empereurs, et qu'on retrouve si souvent dans la main des génies sur les diptyques consulaires. Les gâteaux figurent le *pain*, la distribution de froment qui accompagnait les spectacles du Cirque, *panem et circenses*. Peut-être aussi doit-on chercher dans la forme de ces gâteaux et dans l'*X*[1] tracé sur leur surface supérieure une allusion soit à des signes de la libéralité consulaire, qu'on remarque assez souvent sur les diptyques, soit plutôt encore à un impôt du *dixième* qui figura au nombre des extorsions de Caracalla. En somme, l'artiste a voulu nous montrer ici un empereur divinisé, libéral pour ses soldats aux dépens de ses autres sujets. »

Hérodien et Dion Cassius ont donné des traits de ce féroce empereur que le peuple détestait, mais que l'armée défendait. Le peuple l'avait surnommé *Tarantas*, qui était le nom d'un gladiateur, ignoble de figure, petit de taille, à l'âme basse et aux instincts grossiers.

Meurtrier de son frère, gorgeant les soldats à l'aide d'impôts arbitraires qu'il prélevait sur ses

[1] Cet *X* n'est-il pas plutôt la marque dite *rayage* que les pâtissiers ont de tout temps gravée à la pointe du couteau sur leurs gâteaux pour les empêcher de brûler?

sujets, cruel jusqu'à la férocité dans la Gaule, faisant massacrer la jeunesse d'Alexandrie pour se venger de quelques satyres contre lui et contre sa mère, Caracalla, exécré et haï par les fils de ses victimes, dut être caricaturé par les Alexandrins, dont Hérodien disait : « C'étaient de véritables *farceurs*, habiles à composer d'excellentes *charges*, et à lancer sur les puissants du jour des traits que leurs auteurs trouvaient charmants, mais que les *mystifiés* ne prenaient pas si bien [1]. »

1 Un helléniste distingué, M. Pilon, conservateur de la bibliothèque du Louvre, me fait remarquer le sens un peu *moderne* de cette traduction; suivant M. Pilon, et en serrant de près la phrase de l'historien grec, il faudrait lire : « Ils (les Alexandrins) paraissent naturellement aimer la raillerie et dire habituellement des plaisanteries (traits), lançant sur les puissants beaucoup de choses qui leur paraissent agréables, mais pénibles pour ceux qui sont raillés. » (Πεφύκασι δέ πως εἶναι φιλοσκώμμονες καὶ λέγειν εὐστόχως ὑπογραφὰς ἢ παιδιὰς, ἀποῤῥιπτοντες εἰς τοὺς ὑπερέχοντας πολλὰ χαρίεντα μὲν αὐτοῖς δοκοῦντα, λυπηρὰ δὲ τοῖς σκωφθεῖσι.)

La preuve que la malignité n'épargna pas Caracalla, c'est le massacre d'Alexandrie. Tous les historiens sont d'accord pour raconter que, pour se venger des railleries que le peuple de cette ville s'était permises sur son compte, il s'y rendit en grande pompe, fit semblant de n'avoir eu aucune connaissance de ces plaisanteries, sacrifia aux dieux du pays, et, une nuit, quand la ville était plongée dans le plus profond sommeil, le signal fut donné et les soldats de Caracalla, pénétrant dans les maisons, firent main basse sur tous ceux qu'ils rencontrèrent.

Au reste les Alexandrins paraissent avoir été de tout temps un peuple léger et plaisant. Voici un fait tiré des *Annales* de Baronius, cité par Tillemont dans son *Histoire des Empereurs romains;* ce fait se passait sous Vespasien :

« Les Alexandrins prirent un fou, nommé *Carabas*, qui courait

Ainsi se trouve démontrée l'importance de la caricature. Voilà une petite figure de bronze perdue dans les vitrines d'un musée de province; en apparence ce n'est rien, jusqu'à ce qu'un érudit juge qu'elle peut être la représentation de l'empereur Caracalla. A ce propos la mémoire d'un cruel tyran est remise en lumière par la science archéologique ; ses crimes sont étudiés à nouveau. Il a avancé la mort de son père. Il a poignardé son frère Géta dans les bras de sa mère. Il a fait mettre à mort tous les amis de son frère. Il ordonne le pillage de la ville d'Alexandrie pour quelques plaisanteries. Il fait empoisonner son favori Festus. Il prend les surnoms de *Germanique* et de *Parthique*, quoique la guerre contre les Parthes et les Germains ait tourné à sa honte. Il a l'audace de faire élever des statues dont le buste géminé montre d'un côté les traits d'Alexandre, de l'autre ceux de Caracalla. Il fait brûler sous ses yeux les livres du plus grand des philosophes, d'Aristote.

les rues tout nu, le couvrirent d'une natte pour lui servir de cotte d'armes, lui mirent un diadème de papier sur la tête et un brin de roseau à la main. Après l'avoir habillé en roi, ils le mirent en un lieu élevé, où chacun lui venait rendre ses respects, plaider devant lui, prendre ses ordres et faire tout ce que l'on fait aux princes. D'autres, avec des bâtons sur l'épaule au lieu de hallebardes, étaient autour de lui comme ses gardes, et tout le peuple, en criant, l'appelait *Maris*, qui en syriaque signifie prince. »

Il est bon de remarquer que cette farce fut imaginée pendant le séjour à Alexandrie d'Agrippa, roi des Juifs, qui venait de Rome et se rendait dans ses États.

Il opprime le peuple au profit de la soldatesque. Il meurt assassiné, il est vrai, et trouve un châtiment qui se fait trop attendre ; mais n'eût-il pas été châtié par le fer d'un citoyen, que la caricature l'épie dans ses gestes et son masque. Qui sait si le fils d'une de ses victimes n'a pas coulé sa figure dans le moule d'où est sorti ce petit bronze! Caracalla se croit puissant parce qu'il a l'armée pour lui, et voici qu'un artiste sorti de ce peuple opprimé lègue sa honteuse mémoire aux siècles à venir, pour que les siècles à venir en retrouvant cette figurine se disent : « Ceci fut l'image d'un empereur exécré de son peuple. »

Aristote ne reconnaissait pas la puissance de la caricature; mais c'est qu'alors la plume était plus vengeresse que le crayon. Qu'on lise cette impitoyable éloquence s'attaquant au cynique empereur Commode, qui faisait publier par la ville le catalogue de ses débauches et de ses cruautés :

« Pour l'ennemi de la patrie point de funérailles ; pour le parricide point de tombeau ; que le parricide soit traîné ; que l'ennemi de la patrie, le parricide, le gladiateur soit mis en pièces dans le spoliaire! Ennemi des dieux, bourreau du sénat ; ennemi des dieux, parricide du sénat ; ennemi des dieux et du sénat, le gladiateur au spoliaire! Au spoliaire le meurtrier du sénat! Au croc le meurtrier du sénat! Au croc le meurtrier des innocents! Pour l'ennemi, pour le parricide, point de pitié! Que celui qui n'a pas épargné son propre sang soit traîné au croc des gémonies; aux gémonies celui qui t'aurait fait mourir, ô Pertinax! Tu as partagé nos terreurs, nos périls. Pour que nous soyons sauvés, bon et grand Jupiter, conserve-nous Pertinax. Vive la fidélité des prétoriens! Vivent les cohortes prétoriennes! Vivent les armées romaines! Vive la piété du sénat! Que le parricide soit traîné, nous t'en prions, Auguste, que le parricide soit traîné! Exauce-nous, César: les délateurs au lion! Exauce-nous, César: les délateurs au lion! Honneur à la victoire du peuple romain! Honneur à la fidélité des soldats! Honneur à la fidélité des prétoriens! Honneur aux cohortes prétoriennes! A bas les statues de l'ennemi, les statues du parricide, les statues du gladiateur, du gladiateur et du parricide! Que l'assassin des citoyens soit traîné; que le parricide des citoyens soit traîné; plus de statues au gladiateur... Que la mémoire du gladiateur parricide soit abolie; que les statues du gladiateur soient renversées! Abolissons la mémoire de l'impur gladiateur; le gladiateur au spoliaire! Exauce-nous, César: que le bourreau soit traîné; que le bourreau du sénat, selon l'usage, soit traîné au croc! Plus cruel que Domitien, plus impur que Néron, qu'il lui soit fait comme il a fait!... Au croc le cadavre du parricide, au croc le cadavre du gladiateur, le cadavre du gladiateur au spoliaire! Prends les voix, prends les voix! Nous opinons tous pour qu'il soit traîné au croc. Au croc le meurtrier de tous; au croc celui qui n'a épargné ni le sexe ni l'âge; au croc l'assassin de tous les siens; au croc le déprédateur des temples, le violateur des testaments, le ravisseur de toutes les fortunes; qu'il soit traîné! Nous avons été esclaves des esclaves. Que celui qui faisait acheter le droit de vivre soit traîné; que celui qui faisait acheter le droit de vivre et ne tenait point sa parole soit traîné; que celui qui a vendu le sénat soit traîné; que celui qui a vendu aux fils leur héritage soit traîné! Hors du sénat les espions; hors du sénat les délateurs; hors du sénat les suborneurs d'esclaves! Et toi qui as partagé nos craintes... fais le rapport, prends les voix sur le parricide; nous demandons ta présence. Les innocents n'ont pas reçu la sépulture; que le cadavre du parricide soit traîné! Le parricide a exhumé les morts; que le cadavre du parricide soit traîné[1]! »

L'admirable cri de révolte! Cela soulage d'entendre un si beau cri. On respire à pleins poumons. L'opprimé se redresse et l'indignation qui s'échappe de sa poitrine fait palpiter les cœurs des citoyens. Il est des instants où la révolte est sublime et enfante des imprécations qui ne sont plus seulement de l'art populaire, mais du grand art à la Shakspeare.

[1] V. J. Leclerc, *les Journaux chez les Romains*. 1838, Didot, in-8°

Seuls les modernes ont pu faire passer une telle indignation dans le crayon. L'eau-forte n'était pas employée dans l'antiquité comme de nos jours, où quelques Anglais ont fait mordre non-seulement leur planche, mais les personnages avec la planche ; et ce qui leur restait d'acide, il semble qu'ils l'ont jeté à la figure des grands [1].

[1] Pendant la correction de ces épreuves, M. E. Piot me signale un bronze caricatural de Galba, sans doute au musée de Dresde; mais une nouvelle édition a toujours besoin d'être considérablement augmentée.

XIII

VASES ANTIQUES.

Un des vases les plus curieux de l'antiquité, faisant partie actuellement de la collection Williams Hope, à Londres, a été ainsi décrit par M. Lenormand : « Parodie de l'arrivée d'*Apollon* à Delphes. Un charlatan vient d'élever des tréteaux sur lesquels on voit un sac, un arc et un bonnet scythique; une espèce de dais s'élève au-dessus. Le charlatan qui figure l'*Apollon Hyperboréen* arrivé à Delphes, ...ΙΘΙΑΣ, le *Pythien*, est vêtu d'une tunique courte et d'anaxyrides; un énorme phallus postiche pend entre ses jambes. Le charlatan est placé sur les marches de l'escalier qui mène à ses tréteaux, et reçoit le vieux *Chiron*, ΧΙΡΩΝ, qui est devenu aveugle. Des deux mains le *Pythien* prend la tête du personnage qui figure le *Centaure*. Deux acteurs placés l'un en arrière de l'autre pour former le Centaure s'avancent vers le théâtre. Ils sont vêtus d'anaxyrides et de tuniques courtes, et pourvus chacun d'un long phallus en cuir; le Centaure s'appuie sur un bâton tortueux. Au-dessus de cette scène on voit des montagnes et les *Nymphes*, NΥ...ΑΙ (Νυμφαι), du Parnasse, sans doute *Latone* et *Diane*, ou bien deux *Muses*, assises et vêtues de tuniques et de peplums. Tous ces personnages portent des masques; ceux des acteurs qui figurent le Centaure ont la barbe et les cheveux blancs. L'*Épopte* seul, non masqué, enveloppé dans le tribon et couronné de lauriers, assiste à cette parodie dans l'attitude de la contemplation et du recueillement. »

Je me range à l'opinion d'un savant Allemand, Gerhard, qui ne voit dans l'Épopte que le représentant du public assistant à cette parodie. Quoique d'autres archéologues, Panofka et le professeur Chr. Walz aient fait des recherches sur cette parodie, rien n'est venu l'éclaircir.

Noms à rétablir, symboles à pénétrer entraînent souvent l'archéologue dans des voies détournées où le curieux craint de s'aventurer.

« Le sens profond, caché sous les figures grimaçantes de la comédie, ajoute M. Lenormand, explique la présence du personnage dans lequel nous avons reconnu un *initié en état d'époptisme* (l'italique est de M. Lenormant). Ce n'est pas seulement, comme M. Gerhard l'a pensé, la personnification du public, c'est un spectateur d'une nature particulière, qui assiste à une *scène éminemment religieuse* (l'italique est de moi), et qu'on a amené par une suite d'instructions à comprendre le drame qui se joue sous ses yeux. »

L'éditeur a fait réduire le dessin, d'après l'importante publication de M. Lenormant[1]. Est-ce une *scène éminemment religieuse* que ces deux grotesques, poussant en haut d'un escalier sur un échafaud le vieux Chiron, à supposer qu'il s'agisse du Centaure aveugle, aveuglement dont M. Lenormant avoue que les anciens ne parlent pas?

Une telle interprétation donnée à une action qui me paraît renfermer plus de burlesque que de grave, m'étonne, et je crains que la pensée du savant auteur du recueil des *Monuments céramographiques* n'ait été plus loin que le dessin. M. Lenormant, à cheval sur le Centaure, galope dans les plaines de l'imagination. « Dans la comédie dont notre peinture est tirée, on montrait le vieux Centaure accablé par l'âge, devenu aveugle et rendu, en présence des nymphes du Parnasse, à la lumière, à la santé et à la jeunesse par un dieu plus puissant et plus habile

[1] *Élite des monuments céramographiques*, par MM. J. Lenormant et de Witte, 4 vol. in-4°. Leleux, Paris.

qu'il ne l'avait jamais été. » Ainsi parle M. Lenormant qui ajoute : « *C'était une manière certainement ingénieuse de représenter le renouvellement de l'ancien culte par le nouveau, ce qui n'excluait pas une allusion plus générale et plus positivement religieuse à la rénovation de la nature par la substitution du dieu solaire, jeune et triomphant, au dieu d'un autre âge, s'écroulant sous le poids de la vieillesse.* »

Je donne tout entières les conjectures de M. Lenormant, non pour les combattre malicieusement, mais pour essayer de rendre au dessin du vase sa signification.

Les artistes n'ont guère souci que de la forme. Ils sont rares les peintres et les sculpteurs qui veulent frapper l'esprit du public par un symbole caché. Pour la grande majorité des artistes, le mystère gît dans la représentation de l'homme ou de l'animal, de l'arbre ou de la fleur ; ce sont les écrivains, dont l'imagination sans cesse travaille, qui se sont avisés de la supposer infinie dans l'œuvre d'un artiste. On a des exemples de ces excès d'imagination dans les lettres de l'enthousiaste Diderot qui, par ses projets de grandes machines, dut plus d'une fois troubler la cervelle des sculpteurs ses contemporains.

L'artiste qui, la palette ou l'ébauchoir en main, se dirait avant de se mettre au travail : « De chaque coup de mon pinceau surgira la révélation de l'état des esprits de mes contemporains, » courrait risque

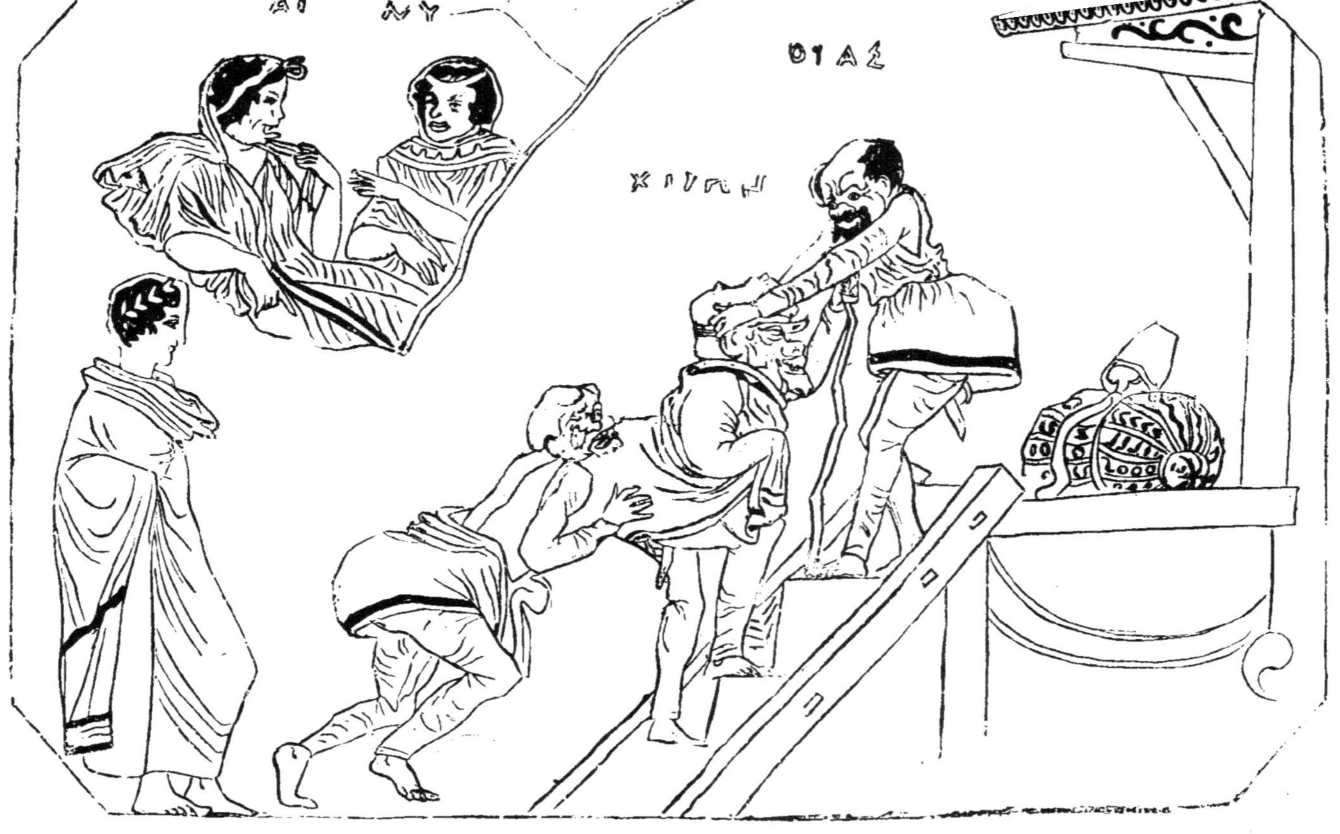

PARODIE DRAMATIQUE

D'après un vase de la collection Williams Hope, à Londres.

de rester la tête enfouie dans ses mains, ne sachant par quel bout entamer le symbole.

Il en était évidemment des statuaires de l'antiquité comme des modernes : celui-ci taillait sa statue, celui-là son bas-relief, cet autre modelait des vases, sans avoir la prétention de réformer la société ni de s'occuper du « renouvellement de l'ancien culte par le nouveau. »

— Cependant, dira-t-on, le dessin de ce vase est satyrique ; et vous avez présenté le caricaturiste comme une conscience vibrante, émue par le mal, le vice ou la tyrannie.

A ceci je réponds que le peintre de parodies a le cerveau plus *littérairement* organisé que celui des artistes qui n'ont souci que du beau ; il s'occupe des choses de son temps, s'en indigne et son indignation fait la force de son crayon ; mais c'est le fait qui le frappe, l'actualité, l'événement du jour. En un mot, le caricaturiste n'a pas, ne peut et ne doit pas avoir un cerveau synthétique ; il dépense vite ses colères, les laisse rarement s'amasser en tas (à moins d'être comprimé par un système de politique restrictive) ; chaque jour il ajoute une feuille à son œuvre, obéissant au sentiment qui le pousse, sans trop raisonner. Qu'arrive-t-il plus tard ? Un homme feuillette ces *suites* improvisées et juge, mieux que l'artiste n'aurait pu le faire lui-même, de sa conscience, de ses révoltes intérieures, de ses sentiments nationaux, de sa moralité. Hogarth montre son horreur du vice et de la débauche, et Goya sa haine des Français envahisseurs, comme Daumier prouve, par sa perpétuelle ironie contre la bourgeoisie ventrue, les aspirations qu'il conserve profondément en lui de la grandeur et de la beauté. Et cependant, que j'aille demander à Daumier le sens caché du *Ventre législatif*, une de ses plus admirables compositions, il me dira : « La Chambre des députés était ainsi. — Mais quel était votre but? — Rendre une assemblée publique telle que je l'ai vue. — Comment ! vous n'aviez pas une idée, une intention satyrique? — J'ai vu des hommes qui discutaient, d'autres qui écoutaient, celui-ci qui dormait, un autre avec sa pédante figure doctrinaire, celui-là avec son abat-jour, et je les ai dessinés le plus réellement qu'il m'a été possible. »

Jamais un homme embarbouillé de nuageuse philosophie ne comprendra cette naïve spontanéité du crayon qui obéit autant à la main qu'à l'esprit. Aussi est-il curieux de voir un humoriste allemand à demi philosophe, Lichtemberg, aux prises avec Hogarth. Chaque planche du caricaturiste anglais devient un microcosme et demande un volume de commentaires; dans une allumette comme dans un manche à balai l'Allemand découvre un symbole. Ces tendances brumeuses du Nord ont conduit à faire de Beethoven un dieu;

dans une symphonie on a voulu voir une religion. Si j'insiste là-dessus, c'est pour expliquer combien il m'en coûte de ne pas me ranger à l'avis de M. Lenormant dans la description du vase antique dont le dessin suffit par son grotesque.

Panofka lui-même, dans son curieux mémoire des *Parodies et Caricatures antiques*, tombe parfois dans le défaut commun à quelques archéologues qui semblent craindre le fait et exécutent autour de ce fait mille variations capricieuses dans lesquelles disparaît l'idée de l'artiste.

« Quant à ce qui a trait à la mythologie héroïque, Suétone parle dans la Vie de Tibère d'une peinture souverainement impudique de Parrhasius, dans laquelle Atalante (*ore morigeratur*) s'abandonne entièrement à Méléagre. L'empereur Tibère avait reçu cette peinture par legs, à la condition que s'il se scandalisait du sujet, il devait recevoir en échange cent mille sesterces; or, non-seulement Tibère préféra la peinture, mais encore il la fit placer dans sa chambre à coucher. On n'a regardé jusqu'ici cette peinture que comme une extravagante volupté, sans réfléchir combien on offensait par là le génie de Parrhasius. Car s'il ne se fût agi que de représenter cette action obscène, pourquoi Parrhasius n'aurait-il pas préféré choisir Vénus et Adonis, Persée et Andromède, Alphée et Aréthuse, sans parler d'autres? Cette peinture a donc dû être inspirée par une autre idée spirituelle qui excusa en quelque sorte la scène obscène, de manière qu'elle ne se présente plus à nous seulement comme un tableau purement impudique, mais encore comme une piquante caricature. Nous en serons aussitôt convaincu, si nous nous rappelons le caractère de virginité que la mythologie grecque attribue à Atalante de préférence à toutes les autres héroïnes, de même qu'à Arthémise, dans le cercle des déesses. C'est pourquoi les peintres confondent souvent leurs figures, et nous voyons quelquefois jointes au nom d'Atalante les épithètes de *non bercée*, *non serrée*, d'*indomptée*, épithètes qui toutes indiquent le même caractère de virginité. Il en résulte évidemment qu'Atalante a une peur effroyable d'enfanter, et ce sentiment explique l'action dans laquelle Parrhasius la peignit. Voilà pourquoi je vois une satyre de la virginité dans cette peinture de Parrhasius, sur laquelle Méléagre, en face d'Atalante qui est assise et qui a les seins nus, donne la chasse à ces deux pommes d'une manière digne de son nom. »

N'est-ce pas là une imagination de savant qui, plongé dans les études spéciales de la parodie et de la caricature, ne voit partout que caricatures et parodies? Il m'en coûte beaucoup de contredire des hommes considérables ; mais dans un travail si ardu, l'imagination doit céder le pas à la réalité. Quel est le caractère spécial de la caricature? D'attirer l'œil par des formes extravagantes, ou d'être accusée par une légende satyrique, quand le crayon est au service d'un esprit plus littéraire que graphique. Si on se fie aux imaginations paradoxales, il en est qui se chargeront de démontrer que l'Apollon du Belvédère est une caricature. Mais j'ai hâte d'abandonner une discussion stérile pour dire qu'à part ces détails, que je crois des erreurs d'imagination d'un homme qui veut trop approfondir, Panofka est certainement de tous les savants celui qui a frayé le premier la route de ces études sur le comique dans l'antiquité, dont il a dit excellemment :

« En voyant la brillante richesse d'esprit et de gaieté, étalée avec profusion dans les comédies des Grecs, ce qui nous étonne à bon droit, c'est que le reflet de cette gaieté spirituelle dans l'art plastique paraisse si peu abondant. Notre étonnement est d'autant plus naturel, que l'art plastique, par les moyens dont il disposait, pouvait sur ce terrain recueillir de la gloire et des lauriers beaucoup plus facilement que la poésie. C'est pourquoi un recueil de toutes les parodies et caricatures d'œuvres classiques, parvenues à notre connaissance comme les plus parfaites, pourrait non-seulement contribuer puissamment à nous donner une idée plus exacte du développement du génie hellénique, mais encore répandre quelques lumières inattendues sur la littérature et sur l'art même, en montrant en même temps de nouveaux faits sous un nouveau point de vue. »

En effet, Panofka, étudiant certains vases, arrive à l'interprétation d'une image littéraire dont l'explication voulait un ingénieux esprit. « L'idée de comparer le *guerrier tombé sur le champ de bataille au buveur tombé au milieu des bouteilles* a fait naître, dit Panofka, une nombreuse série de caricatures intéressantes, » et le savant allemand cite divers vases qui montrent combien cette même comparaison a été employée par les artistes grecs. Ainsi on voit chez M. Basseggio, à Rome, un vase à figures rouges qui représente sur une des faces le corps de Patrocle étendu à terre, et sur une autre face un ivrogne que l'on emporte par la tête et les pieds comme un cadavre. Cette même peinture se retrouve encore sur un des vases du Musée de Berlin. M. Joly de Bammeville possède une amphore représentant Achille qu'Ajax emporte sur son épaule après la bataille, et sur la panse opposée un Silène ivre-mort emmené par deux Satyres.

Ici la caricature est aussi clairement exprimée que le rire sur le masque comique et les pleurs sur le masque tragique. On peut dire, à la vue de ces vases à faces si contraires que les anciens ont voulu montrer, comme de nos jours les romantiques, que le grotesque côtoyait le même chemin que le dramatique, et qu'il n'y a si grande douleur qui ne soit traversée de quelque accident comique.

Panofka est le seul, je crois, qui ait abordé la question d'esthétique à propos de ces vases, et ses observations, qui ne s'arrêtent pas seulement à l'idée, mais à la forme, doivent être rapportées intégralement.

« Il y a, dit-il, une série de peintures sur vases méconnues ou inconnues encore, qui offre un champ fertile pour les recherches que nous faisons. Ce fait que nous observons encore aujourd'hui, savoir : que les dessinateurs de caricatures méritent plus d'éloges pour l'esprit d'invention que pour le soin d'exécution, se présente déjà à nous au plus haut degré dans nombre d'œuvres des artistes grecs, de sorte que ce genre d'art se manifeste préférablement en figures noires souvent dessinées avec la plus grande négligence. Bien que, en certains cas, la crudité du genre puisse porter à renvoyer ces peintures sur vases à l'enfance de l'art[1], cependant, d'un autre côté, il vaut mieux les regarder plutôt comme sorties

[1] Il est bon d'avoir l'esprit en garde contre l'idée de parodie. La naïveté de dessin, les lignes barbares de certaines figures de vases primitifs ont quelquefois troublé les érudits ; et, comme le faisait justement remarquer M. de Witte : « Quoi qu'en aient dit Welcker et Otto Jahn, la coupe d'Arcésilas, du cabinet des médailles, n'est pas un monument de l'art satyrique. L'exagération de roideur dans le dessin, l'expression dans les traits des figures, tout cela tient à une affectation d'archaïsme et à rien autre chose. » (*Gazette des Beaux-Arts*, 1er novembre 1865.)

d'une négligence préméditée du dessin, et les rapprocher, selon leur qualité, plus ou moins du temps de la décadence de la peinture sur vases. »

Je reconnais avec le savant archéologue allemand que chez les dessinateurs sàtyriques l'idée est habituellement plus forte que l'exécution, quoique Breughel, Hogarth, Goya et Daumier soient des artistes robustes dont l'exécution n'a pas été affaiblie par la recherche du comique; mais au-dessous de ces grands artistes a gravité une foule d'esprits satyriques dont la force vivace par l'esprit est nulle dans l'exécution, ce qui n'a pas empêché leur œuvre de subsister, car toute manifestation du crayon, de la plume ou du burin, aux époques de troubles, tient sa place dans l'histoire, et tel *canard* sanglant contre Louis XVI, qui se vendait six *blancs* dans les rues de Paris en 93, devient plus tard une pièce *historique* de la plus grande valeur.

Panofka semble croire à une *négligence préméditée* des artistes grecs voués à la caricature. Une négligence *préméditée* serait de l'archaïsme. Que les peintres grecs aient été maladroits dans le rendu de leurs pensées satyriques, que la raillerie peinte fût laissée à des hommes dont l'étude n'avait pas assoupli le pinceau, cela est possible, quoique la scène du centaure Chiron, reproduite plus haut, témoigne du contraire. Ce sont là des questions importantes que de nombreux spécimens, des dessins exacts, des études sur l'art dramatique des anciens[1], des voyages et des observations éclairciront un jour.

[1] Il eût été facile de donner d'autres nombreux spécimens du comique peint, à propos du théâtre des anciens : mais tel n'était pas le but du présent ouvrage. Les curieux de représentations de comédies d'après les vases ou les peintures antiques peuvent en avoir une idée par l'ouvrage de Wieseler, *Theatergebäude*. Gottingen, 1851, in-4°.

XIV

ÉTROITE COUTURE DE L'HOMME ET DE L'ANIMAL.

En étudiant le sens mystérieux de quelques bronzes à corps d'hommes et à têtes d'animaux, je songe combien l'art suit la marche de la nature.

La Bible nous apprend que dans la formation primitive des êtres l'homme fut créé le dernier, comme l'objet le plus parfait qui pût être réalisé. On voit la nature faire une sorte d'apprentissage, tâtonner, se tromper quelquefois, donner la vie à des monstres, se reprendre, trouver des formes mieux équilibrées, faire sortir de terre d'admirables animaux, et toujours marcher de progrès en progrès jusqu'au septième jour où, triomphant, le maître-ouvrier put se reposer, ayant créé son chef-d'œuvre, l'homme.

Il en fut des ouvrages sortis de la main des statuaires et des peintres comme des êtres fabriqués par la nature. L'art antique va, de tâtonnements en tâtonnements, jusqu'à la parfaite représentation de l'homme. Mais combien fut essayée la figure humaine avant d'être traduite dans sa perfection !

L'animal est reproduit dans ses mouvements alertes par les Assyriens qui, je l'ai dit, représentèrent les animaux domestiques avec une perfection que les modernes n'ont pas dépassée ; mais qu'il s'agisse d'un roi puissant, l'Assyrie sculpte seul le masque réel, terminant le corps par des détails empruntés à d'énormes et fabuleux animaux.

En Égypte, au contraire, le corps est emprunté à l'homme, la tête à l'animal.

Peut-être faudrait-il comparer les deux religions pour approfondir le sens divers de ces représentations; mais tout est encore hypothétique dans ces matières, et la science de longtemps encore ne dira son dernier mot sur ces peuples dont le *Sesame* est si profondément caché.

Les Grecs empruntèrent une partie de leur mythologie au culte égyptien, et c'est ce qui explique comment eux aussi divinisèrent l'animal et regardèrent l'homme à travers la bête.

Qu'est-ce que le centaure? Un accouplement de cheval et d'homme.

Le satyre? Un mélange d'homme et de bouc.

Le faune? L'homme joint à la chèvre.

Le phallus de Priape est souvent une corne.

Hercule est issu du taureau. Certaines statues le montrent avec un cou bestial, trace de son ancienne origine.

Les satyres luxurieux ont emprunté au bouc intempérant ses cornes, ses oreilles, ses cuisses et ses jambes. Les faunes, plus chastes, furent dotés des oreilles, des queues et des cornes naissantes des jeunes boucs.

Lucien, dans la description d'une peinture de Zeuxis, a révélé le secret de ces bizarres accouplements :

« Sur un épais gazon est représentée la centauresse. La partie chevaline de son corps est couchée à terre, les pieds de derrière étendus ; sa partie supérieure, qui est toute féminine, est appuyée sur le coude ; ses pieds de devant ne sont point allongés comme ceux d'un animal qui repose sur le flanc, mais l'une de ses jambes, imitant le mouvement de cambrure d'une personne qui s'agenouille, a le sabot recourbé ; l'autre se dresse et s'accroche à terre, comme font les chevaux quand ils essayent de se relever. Elle tient entre ses bras un de ses deux petits et lui donne à teter, comme une femme, en lui présentant la mamelle ; l'autre tette sa mère, à la manière des poulains. . . . .
. . . . . Pour moi, j'ai surtout loué Zeuxis pour

avoir déployé dans un seul sujet les trésors variés de son génie, en donnant au centaure un air terrible et sauvage, une crinière jetée avec fierté, un corps hérissé de poils, non-seulement dans la partie chevaline, mais dans celle qui est humaine. . . . La femelle ressemble à ces superbes cavales de Thessalie qui n'ont point encore été domptées et qui n'ont pas fléchi sous l'écuyer. Sa moitié supérieure est d'une belle femme, à l'exception des oreilles, qui se terminent en pointe comme celles des satyres ; mais le mélange, la fusion des deux natures, à ce point délicat où celle du cheval se perd dans celle de la femme, est ménagée par une transition si habile, par une transformation si fine, qu'elle échappe à l'œil et qu'on ne saurait y voir d'intersection[1]. »

Une telle entrée en matière paraîtra peut-être ambitieuse pour la reproduction d'un petit bronze dans lequel le comte de Caylus a vu une caricature ; mais en cherchant le véritable sens de cette figurine, je me demande si l'art hiératique des Égyptiens (la représentation de l'homme avec une tête d'animal) ne fut pas le germe de l'art satyrique postérieur.

Les Romains, qui avaient tant emprunté aux Égyptiens, se raillèrent de leurs dieux comme nous nous moquons des choses du passé. Les Égyptiens

[1] L'hippocentaure femelle de Zeuxis, qu'on voyait à Athènes. (*Zeuxis et Antiochus*. Œuvres de Lucien, trad. par E. Talbot, t. I, p. 540. Hachette, 1857.)

avaient élevé l'animal à la haute position de dieu; les Romains rabaissèrent l'homme en montrant sa parenté avec certains animaux.

« Les hommes, dit le comte de Caylus qui s'intéressait au sens satyrique de ces sortes de monuments, ont toujours été frappés du ridicule, et les nations les plus sages ont non-seulement succombé au plaisir de le relever, souvent encore elles ont fait servir les arts à communiquer l'impression qu'elles en avaient reçue. Pline et quelques historiens ont rapporté plusieurs exemples de ces sortes de critiques que la Grèce leur avait fournis. Ainsi je ne doute pas que, dans le nombre des monuments qui sont venus jusqu'à nous, il n'y en ait plusieurs de satyriques ; mais le caractère des personnages étant aussi inconnu que le fond de la plaisanterie, il est impossible aujourd'hui de sentir la finesse de ces badinages, auxquels il est certain que la ressemblance extérieure ajoute infiniment. Nous ne pouvons donc les apercevoir que très-généralement, et même avec peine, d'autant qu'il est rare de trouver des monuments de ce genre aussi peu douteux que celui-ci. »

En regard de ce texte, M. de Caylus avait fait graver un dessin; mais le mauvais goût des dessinateurs de son temps transformait d'un crayon si déplorable la pureté antique que, possédant une exacte reproduction d'une statuette à peu près semblable, je n'ai pas cru devoir faire dessiner d'après la planche donnée par un érudit plus spirituel que les artistes qu'il employait.

« Ce bronze, disait M. de Caylus, représente un sénateur romain avec toute la gravité de son état, c'est-à-dire habillé d'une toge plus exactement rendue peut-être que sur aucun autre monument. Ce digne consulaire tient à la main le volume ou le rouleau qu'on était dans l'habitude de donner aux hommes de cet état. Outre que la tête de ce personnage est celle d'un ours parfaitement dessiné, l'habitude du corps, le maintien et la position des pieds ressemblent à cet animal. J'avoue que le *scrinium* ne paraît point ici ; il était un témoignage qu'on avait exercé les principaux emplois du sénat. Cependant, je croirais volontiers que cette critique, ou que cette *charge*, pour employer le terme consacré par les modernes, serait celle d'un consul, cette dignité mettant un homme plus au jour et l'exposant davantage au ridicule. Il paraît, du moins, que ce portrait est celui d'un homme fort connu dans son temps, car on ne prend point la peine de faire jeter en bronze une figure pour tourner en ridicule un homme ignoré. L'examen des consuls du Haut-Empire, car le bon goût du travail donne une pareille date à ce monument, pourrait, absolument parlant, faire retrouver le nom de celui qu'on a eu en vue ; mais l'éclaircissement ne vaudrait pas la peine de la recherche. »

Il n'y aurait rien à ajouter à ce commentaire de l'homme érudit qui, l'un des premiers au dix-huitième siècle, comprit l'importance de l'archéologie antique et dépensa une partie de sa fortune à la révéler aux curieux de son temps, si réellement ce personnage avait une tête d'*ours;* mais il s'agit d'une tête de *rat*, et, à ce propos, on doit citer les quelques lignes du catalogue officiel[1].

Il existe pourtant peu d'analogie dans les museaux; mais, ainsi qu'il a été dit, M. de Caylus, trompé par un dessinateur ignorant[2] qui, en triplant la figure de grandeur, lui avait enlevé sa finesse, écrivit sa dissertation sans doute d'après le croquis; et il crut (peut-être n'avait-il pas le bronze sous les yeux) que cette statuette représentait un personnage consulaire qu'on avait voulu satyriser sous les traits d'un animal vorace et paresseux, quand au contraire il s'agissait de la parodie d'un homme fluet, agile et rongeur.

Le second bronze du cabinet des médailles, M. Chabouillet l'a décrit ainsi :

« 5094. Caricature, ou acteur comique à masque

[1] « 3193. Acteur comique, ou peut-être *Caricature.* C'est un personnage revêtu de la toge, de l'extérieur le plus grave, mais avec une tête de *rat*, debout, tenant un volume de la main gauche, et relevant de l'autre les plis de sa toge. H., 4 cent. 1/2. » (Chabouillet, *Catalogue général et raisonné des Camées et Pierres gravées de la Bibliothèque impériale.* Paris, 1858.)

[2] Caylus, t. III. p. 280, pl. LXVI, n° 1.

et tête de *rat*, debout, enveloppé dans un ample manteau qui cache les deux mains. H., 5 cent. »

Le masque de ce petit bronze est plus fruste que le précédent, sans doute par un long enfouissement dont il porte encore des traces; mais une variante est à signaler. Enveloppé dans les plis de son manteau, le personnage ne tient pas à la main le *volumen* (voir la figure ci-dessous) : ce *volumen*, dans ces choses douteuses on ne saurait trop insister, peut entraîner les commentateurs à des recherches sur l'emploi qu'occupait le personnage caricaturé. Ici, rien qu'une tête de rongeur s'échappant des plis d'un vaste manteau.

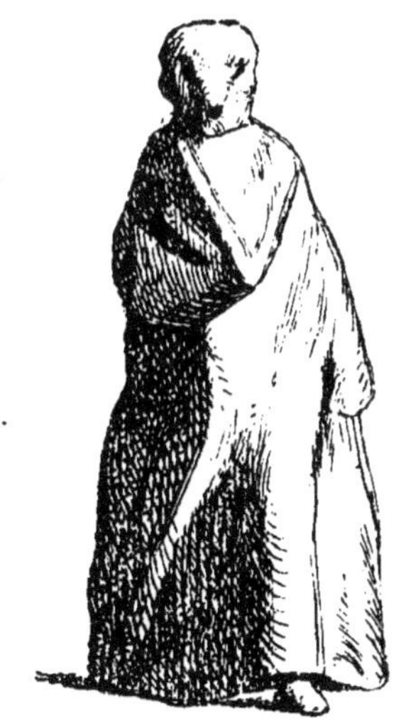

Bronze du cabinet des médailles.

Est-ce un acteur? J'en laisse la recherche à ceux qui voudront aborder l'énorme et difficile travail de l'histoire du théâtre comique expliqué par les monuments antiques.

Ayant trouvé au musée de Rouen une statuette de la même famille, j'ai cherché quelques hypothèses dans les écrits des pères de l'histoire naturelle.

Les naturalistes de l'antiquité furent frappés des analogies entre l'homme et l'animal. Les conformités de lignes physionomiques de l'homme et de certains animaux devaient faire réfléchir ces observateurs, poëtes et savants, Homère et Aristote. Les esprits les moins observateurs sont frappés des rapports entre l'homme et la bête « unis par une estroite couture, » dit admirablement Montaigne. Nous avons une secrète défiance pour l'homme dont la figure se profile en museau de renard. Une face de bouledogue ne prouve pas habituellement la délicatesse de l'homme doué par la nature de cette conformation. Un courtisan dont le cou a l'allongement de celui d'une oie, ce long cou fût-il entouré d'un grand cordon, montre qu'un être qui remplace l'intelligence par des bassesses peut faire son chemin à la cour.

Les pères des sciences naturelles, ayant constaté ces rapports du physique et du moral, en conclurent que les hommes qui offraient quelques particularités linéaires communes avec celles des quadrupèdes, des oiseaux et des poissons, devaient, jusqu'à un certain point, être doués du caractère de ces animaux. Ils y revinrent souvent et à différentes reprises :

« Quoiqu'il n'y ait nulle ressemblance proprement dite entre l'homme et les animaux, dit Aristote, il peut arriver néanmoins que certains traits du visage humain nous rappellent l'idée de quelque animal. »

Ainsi s'exprime le grand philosophe dont les idées furent suivies de près par les physiognomonistes qui vinrent plus tard glaner dans ce riche héritage scientifique, témoin Adamantius, le paraphraseur des doctrines d'Aristote :

« ..... Outre cela, les hommes ont des ressemblances avec les bestes, non pas tout à fait, mais en quelque façon : principalement avec leur naturel, les uns plus, les autres moins. En ce sens-là juge du naturel de l'homme par celuy de la beste à laquelle il ressemble. Que s'il ressemble à plusieurs, juge de luy par toutes celles à qui il ressemble : car il est à croire que tenant de leur forme, il tient de leur nature[1]. »

Homère, le premier, employa l'animal comme terme de comparaison avec l'homme, soit qu'il en tirât un signe de beauté, soit que ses héros en fissent une injure méprisante. Suivant Homère, les yeux

[1] *La Physionomie, ou des indices que la nature a mises au corps humain*, traduit du grec d'Adamantius et de Mélampe, par Henry de Boyvin du Vavroüy, âgé de douze ans. Paris, M DC XXXV.

des déesses sont beaux quand ils sont grands et qu'ils approchent de ceux du bœuf : comparaison qui paraîtrait médiocre dans le dictionnaire de la galanterie moderne. Achille reproche avec plus de raison à Agamemnon ses yeux de chien et son cœur de cerf.

Les hommes au nez rond, dit Aristote, sont de grands cœurs et tiennent du naturel des lions.

Il écrit à Alexandre qu'un dos étroit dénote un esprit discordant, et que l'homme ainsi conformé doit être comparé aux singes et aux chats.

Aristote dit encore que les hommes qui ont la tête pointue sont sans honte et ressemblent aux corbeaux et aux cailles.

Adamantius juge que les yeux enflammés, semblables à ceux du chien, annoncent l'impudence.

Aristote fait observer à Alexandre que les cheveux plats et souples indiquent la douceur, peu d'énergie, de la timidité, et que tous les animaux qui ont le poil doux au toucher (cerf, lièvre, brebis) sont timides.

Regarder en taureau s'appliquait dans l'antiquité aux louches. Aristophane le dit à propos d'Eschyle, et Platon à propos de Socrate.

Polémon et Adamantius prétendent (singulière prétention !) que l'homme dont les fesses sont modérément charnues, ridées et comme desséchées, est plein de malice ; et ces deux physiognomonistes le comparent au singe.

Principes dont la plupart ont été admis par Conciliator, Albert, Cardan, Bacon, Porta, et de nos jours par Lavater; mais l'affirmation de la relation de l'homme et de l'animal se montre si précise et à tant d'endroits différents des œuvres d'Aristote, qu'elle dut avoir une certaine influence sur les artistes de l'antiquité.

Les naturalistes anciens cherchaient le caractère de l'homme dans l'animal; sans doute les artistes de la même époque obéirent à la même loi, et c'est ce qui explique comment l'idée satyrique vint se greffer plus tard sur des observations scientifiques. Le comte de Caylus dit qu'on voit dans le cabinet des jésuites, à Rome, un bronze à peu près semblable à celui qu'il a fait dessiner, et il parle par ouï-dire d'un *Ane revêtu de la toge consulaire*, bronze que possédait le cardinal Albani.

Une curieuse statuette satyrique du musée de Rouen vient s'ajouter à ces spécimens de la caricature antique. Ces bronzes à tête d'animal étant cependant rares, peu étudiés jusqu'ici, il convient d'en donner l'origine. Le bronze du musée de Rouen provient de la collection Denon, où on le trouve ainsi catalogué :

« N° 491. Statuette en bronze. — Un personnage togé, debout, tenant un *volumen* roulé dans la main gauche.

« Cette petite figure, dont la tête est celle d'un

ours, nous semble avoir été faite dans un but satyrique, et probablement pour ridiculiser quelque orateur connu. »

Qui dit catalogueur dit rédacteur inexact.

« J'ai une seule observation à faire sur cette description, m'écrit M. André Pottier, directeur du musée d'antiquités de Rouen : c'est que la tête est bien positivement celle d'un *rat*, et non d'un *ours*, comme l'a pensé le descripteur, ni d'un *lièvre* ou d'un *chien*, comme quelques autres personnes l'ont également répété. Ce serait contredire toutes les notions d'histoire naturelle sur les traits caractéristiques de la physionomie des animaux que d'en juger autrement. »

Une grande exactitude est nécessaire dans le dessin de ces monuments satyriques qui prêtent tant aux commentaires. Un artiste distingué, M. Morin, directeur de l'école municipale de dessin de Rouen, a bien voulu dessiner à mon intention le bronze sous plusieurs faces, pour en faire saisir le caractère précis.

En effet, il s'agit d'un rat.

Sans doute le sculpteur, en mélangeant au corps d'un homme important la figure d'un si enragé rongeur, voulut faire quelque allusion aux exactions d'un haut fonctionnaire public qui grignotait sur tout, sur les vivres, sur l'argent ; mais quel était ce personnage ?

« Animal, sombre mystère! » s'écrie quelque part M. Michelet.

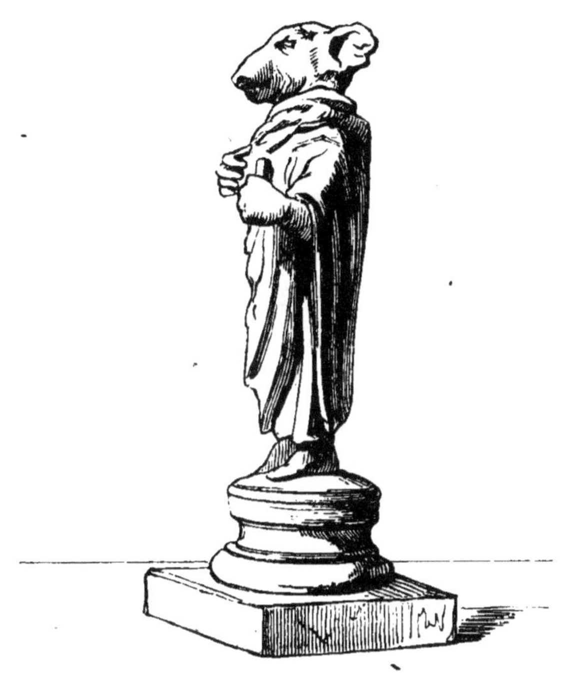

Bronze du musée de Rouen, d'après un dessin de grandeur naturelle, de M. Morin.

Ce petit bronze me préoccupe autant que si je voulais connaître la pensée de l'animal vivant.

Ainsi trois figures presque identiques représentent des personnages à tête de rat.

Était-ce un même personnage officiel que la caricature poursuivait par ces représentations multiples? Il fallait que l'homme fût bien célèbre pour occuper plusieurs fois le sculpteur.

Qui sait si les nombreux musées d'antiquités

européens ne renferment pas encore d'autres images semblables?

Je ne suis pas moins préoccupé devant la représentation suivante, dont M. Chabouillet a donné la description :

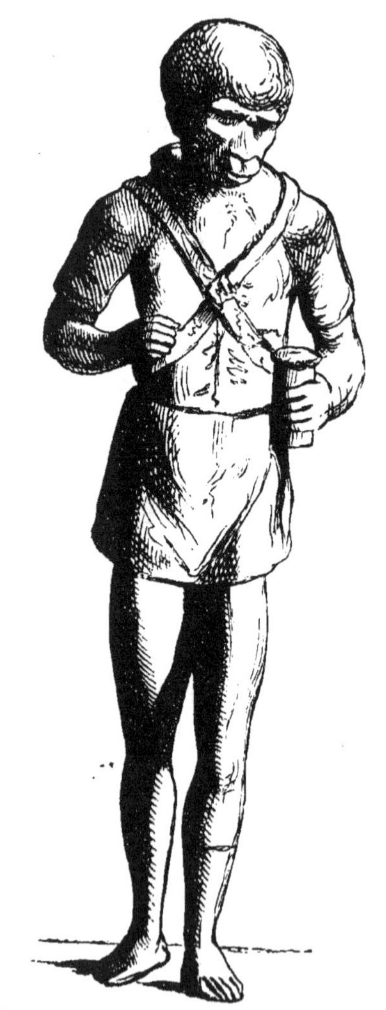

D'après un bronze du cabinet des médailles.

« 3099. Caricature, ou peut-être Acteur, dont le

masque figure une tête de singe, debout, vêtu d'une courte tunique à ceinture et à capuchon, tenant un vase de la main gauche. Deux bandelettes se croisent sur sa poitrine et sur son dos comme nos buffleteries. H., 9 cent. 1/2. »

De même que les bronzes précédents, celui-ci est finement modelé, mais que représente-t-il? Le poëte satyrique Pallas répond presque à la question par ce fragment de l'*Anthologie :* « La fille d'Hermolycus s'est unie à un singe de la grande espèce, et a mis au monde une quantité d'Hermosinges. »

Tout est doute dans ces matières ; et comme le disait un contemporain de Rabelais, le savant professeur Galland :

« Il est périlleux d'establir des maximes generales ez choses esloignées de nostre temps et de nos yeux. »

XV

PRIAPE.

De toutes les images païennes qui ont réussi à se glisser dans les temps modernes, celle de Priape est certainement la plus singulière, quoique la pudeur des nouvelles civilisations ait dépouillé le dieu de l'emblème qui faisait dire à Lucien : « Priape est un peu plus mâle que ne le veut la décence ; » mais le masque est resté dans sa pureté satyrique, grâce aux peintres, gens un peu païens. Aussi est-il inutile d'insister sur cette physionomie narquoise, goguenarde et facétieuse, qui a quelque parenté avec la comique figure de Henri IV, non pas l'académique Henri IV du pont Neuf, mais le Béarnais tel que le représentent les gravures du temps, avec l'œil émerillonné et ce nez prodigieusement bouffon, qui tout de suite mettait les dames en belle humeur.

Au moral Priape est mal connu, les érudits ayant craint d'étudier la personnalité d'un dieu, choquant par ses attributs, qui loin de les dissimuler, s'en enorgueillit, appelle l'attention sur eux et les chante en vers licencieux. Aussi la langue française n'a-t-elle pu recueillir ses propos salés qu'en les recouvrant du masque latin, et encore quelquefois il a fallu attacher le masque grec par-dessus le premier, tant le déguisement était léger.

J'entreprends de détacher un cordon de ce masque pour les curieux de notre époque qui ne sont pas initiés, comme nos pères, aux gaillardises grecques et latines; mais j'apporterai dans cette tâche délicate toute la prudence nécessaire.

Priape fut d'abord bien traité par les poëtes pastoraux de l'antiquité, et si plus tard la personnalité du dieu tourna au grotesque, on ne saurait en accuser les chantres de la nature qui, pleins de sympathie pour cette pauvre statue de bois dont souvent la tête disparaissait au milieu des roseaux, peignaient l'humilité du patron des pêcheurs, se contentant de modestes hommages.

Une grève aride, des mouettes qui volent en rasant le rivage, voilà le plus souvent la compagnie du dieu, car la petite voile blanche qui se dessine sur le bleu de l'horizon, ramènera seulement au matin le pêcheur fatigué, qui n'a guère le temps de sacrifier à son patron.

Priape est le meilleur exemple de la différente façon de juger les hommes. Qu'un poëte satyrique aperçoive sa barbe au-dessus de la haie d'un verger, et aussitôt il accablera le dieu de mille sarcasmes ; au contraire, quand le doux Théocrite a chanté Priape, s'il remarque sa bizarre nudité, c'est pour l'entourer de si tendres verdures, que toute trace grimaçante disparaît de la figure du « bon » Priape.

« Vers la place où tu vois des chèvres, détourne-toi, chevrier, et tu trouveras une statue en figuier récemment taillé, ayant encore son écorce, à trois jambes et sans oreilles, mais avec un phallus capable d'accomplir les œuvres d'Aphrodite. Alentour s'étend une enceinte circulaire, et une onde limpide, qui sans cesse tombe en cascade des rochers, coule dans le feuillage verdoyant des lauriers, des myrtes et des cyprès embaumés. Une vigne l'entoure d'une guirlande où sont suspendues des grappes mûres. Les merles printaniers y sifflent en variant leur ramage, et les rossignols leur répondent par des cadences mélodieuses. Là, va t'asseoir, chevrier, et au bon Priape demande qu'il me délivre des liens amoureux où me retient Daphnis, et dis-lui que je vais lui immoler une belle chèvre s'il défère à ma prière. Si j'obtiens ce que je demande, je veux lui offrir un triple sacrifice. Oui, je sacrifierai une génisse, un bouc aux longs poils, et un agneau que je garde au bercail. Daigne le Dieu m'être propice! »

Ainsi parle Théocrite plein d'indulgence pour le Dieu, qu'il rend presque poétique.

Satyrus et Archias ont peint également un Priape modeste, secourable, protecteur des ports et se contentant des plus simples hommages :

« Moi, humble et petit Priape, dit-il, j'habite une jetée que la mer baigne de ses flots, et jamais les mouettes n'ont eu peur de moi ; avec une tête pointue et sans pieds, je suis tel que sur une plage solitaire pouvaient me sculpter de pauvres pêcheurs. »

Quand ils avaient fait un beau coup de filet, les pêcheurs reconnaissants consacraient à Priape une table de hêtre, un banc rustique de romarin et une coupe de verre, afin que le Dieu pût tranquillement se désaltérer en face des eaux bleues du golfe. C'étaient là de modestes hommages, mais Priape les recevait avec joie de la main de ces pieux et braves gens. Et pourtant tous n'étaient pas si reconnaissants.

Une épigramme votive de Mécius Quintus nous apprend la coquinerie d'un pêcheur :

« O Priape, qui te plais sur les roches polies d'une île ou sur les âpres récifs du rivage, le vieux pêcheur Pâris t'a consacré ce homard, qu'il a pris avec ses meilleures lignes. Après en avoir placé la chair cuite sous ses dents usées par l'âge, il t'a offert, Dieu propice, l'enveloppe du crustacé. Ne lui donne pas beaucoup en échange, ô Priape! que ses filets heureux lui procurent les moyens d'apaiser son estomac qui crie la faim. »

Offrir la carapace *vide* d'un homard à un Dieu, n'est-ce pas une dérision? Il fallait vraiment que Priape fût bien peu redouté pour subir une telle insulte.

J'admire le raisonnement du vieux pêcheur : il a pris un homard *avec ses meilleures lignes*. Priape se lèche déjà les lèvres de goûter à ce beau poisson. Le pêcheur a des *dents usées par l'âge*. Priape en sourit. L'estomac du vieillard est débile; le homard est une chair lourde. Le pêcheur ne fera qu'y goûter; Priape aura certainement pour sa part les trois quarts au moins du homard. Et voilà que le glouton et sacrilége pêcheur avale la bête tout entière à la barbe du dieu, ne lui laissant que l'enveloppe. Un fameux cadeau! Et le goinfre, comme s'il avait fait un riche hommage à Priape, dit qu'il ne lui demande pas *beaucoup* en échange, seulement d'heureux coups de filet à l'avenir.

Heureusement tous les invocateurs du dieu n'étaient pas ingrats, et on doit citer le jardinier Lamon qui, demandant pour ses arbres et pour lui la force et la santé, déposait aux pieds de Priape, entourés d'un frais feuillage, une grenade avec son enveloppe dorée, des figues dont la peau se ride, une grappe de raisin aux grains dorés, une pomme parfumée avec son léger duvet, une noix sortant de son écale verte, un concombre velouté, une olive presque déjà mûre dans sa tunique d'or.

C'est là un joli tableau de nature morte, et il semble que dans cette description le poëte ait voulu lutter avec les peintres qui décoraient les intérieurs d'Herculanum.

Mais c'est en action que le dieu tient sa véritable place, prenant la parole et faisant, il l'avoue lui-même, beaucoup de bruit pour rien.

« Ici, sur cette haie, Diomède m'a placé, vigilant Priape, comme gardien de son potager. Voleur, regarde bien comme je suis armé[1]. Et cela, diras-tu, pour quelques salades? — Oui, pour quelques salades. »

L'arme dont Priape menace les maraudeurs revient à tout instant à l'état de terrible menace. Le dieu ne la changerait pas contre les attributs des dieux de l'Olympe. Pourtant cette arme (qui n'a guère de rapports avec celles de Tolède) a été cause que les modernes osent à peine peindre Priape en buste; mais, au temps de la prospérité ro-

[1] Ἐντέταμαι. *Aspice, fur; quanta tentigine rumpar...* (Grotius.) Cette note et cette traduction sont tirées de l'*Anthologie grecque* déjà citée.

maine, le dieu se souciait médiocrement de l'avenir.

« Jupiter a la foudre, s'écrie-t-il, Neptune a le trident; Mars est puissant par l'épée; toi, tu as ta lance, Minerve. Bacchus marche au combat avec ses thyrses entrelacés de guirlandes; Apollon tient dans sa main une flèche qu'il lance. La main d'Hercule est armée d'une massue invincible. Mais moi, *terribilem mentula tensa facit.* »

Les poëtes de l'antiquité ont caressé la statue de Priape avec autant de complaisance que Shakespeare la figure de Falstaff, et le dieu n'est pas sans rapport avec le vantard héros des *Commères de Windsor.* Il y a du matamore dans ses imprécations; on le voit par l'épigramme de Tymnès :

« Je priapise tout le monde, même Saturne, le cas échéant. Point de distinction entre les voleurs (jeunes ou vieux) qui touchent à mes carrés de légumes. Il ne faudrait pas parler ainsi, dira-t-on, pour des salades et des citrouilles. — Il ne le faudrait pas, soit! mais je parle ainsi. »

Priape crie fort; mais les poëtes ne se font pas défaut de cribler d'épigrammes ce préposé à la garde des citrouilles, et ils l'ont traité avec le même sans-façon que les polissons qui maraudent dans un verger, sans craindre l'épouvantail à moineaux revêtu de la défroque d'un garde national.

J'ai comparé Priape à Falstaff; il est plus proche cousin de Karakeuz d'Alger avant la conquête, car tous deux ont sans cesse le pal à la bouche et, au besoin, mettent leurs menaces en action.

« Si je te vois, moi Priape, mettre le pied près de ces légumes, je te déshabillerai, voleur, dans la plate-bande même, et..... Tu diras que c'est une honte pour un dieu d'agir de la sorte. Je le sais bien, c'est honteux, mais sache qu'on ne m'a placé ici qu'à cette fin. »

Ces morceaux choisis à dessein dans divers poëtes donnent le véritable sentiment des anciens sur un vice qui honteusement s'est glissé dans les civilisations modernes. Sous ces épigrammes se cache une satyre de la débauche. Pétrone a fait place à des poëtes de troisième ordre, dont les noms, pour la plupart, sont restés inconnus. On dira que ces poëtes appartiennent à la décadence romaine, à l'époque où les satyriques se donnaient à cœur joie le plaisir de railler les vices et les plaies d'une société gangrenée ; mais le symbole priapique, tel qu'on le retrouve peint et sculpté sur de nombreux monuments, est d'accord avec les injures que lance Aristophane à la face des débauchés de son temps, car le poëte a donné un moyen certain de reconnaître extérieurement leurs vices, et ces marques phalliques dans leur honteux développement sont les mêmes dont se vante Priape.

La pudeur n'est pas une qualité moderne ; on le voit par l'allocution de Priape à une jeune fille :

« O niaise jeune fille ! pourquoi ris-tu ? Non, Praxitèle ou Scopas ne m'ont point façonné, je n'ai pas reçu le dernier coup de main d'un Phidias, mais un simple paysan m'a taillé dans un bois grossier, et il m'a dit : « Tu seras Priape. » Tu me regardes cependant et tu ris à la dérobée... »

Ainsi sous une forme plaisante, que je suis obligé d'atténuer, se manifeste la pudeur antique.

Pour moi, je cherche surtout le côté populaire de Priape. Taillée en bois par le paysan, sa statue est l'essence même de la gausserie des paysans. Il n'est guère de village où, sur le bord de la route, ne se trouve quelque enseigne facétieuse. Il semble que le peuple ait voulu dérider le voyageur qui passe. Le peuple romain plaisant avait fait de Priape un dieu plaisant, un épouvantail à moineaux, une sorte de garde champêtre grotesque et sans défense. Malgré ses cris, ses vantardises et le terrible supplice du pal dont il menace chaque passant, Priape n'est pas tranquille. Lucien a montré le dieu abandonné dans un vignoble stérile, frissonnant de terreur comme Falstaff dans la solitude :

« Bien inutilement Eutychide, pour se conformer à l'usage, m'a placé ici, moi Priape, gardien de vignes desséchées. De plus, je suis entouré d'un large fossé. Or, celui qui le franchirait ne trouverait rien à voler que moi, le gardien. »

Priape a peur d'être volé. Une autre épigramme

montre le bouffon craignant à plus juste titre d'être brûlé :

« La rose au printemps, en automne les fruits, les épis en été se rassemblent autour de moi ; il n'est pour moi qu'un horrible fléau, l'hiver. Car je redoute le froid, et je crains que le dieu de bois ne donne à quelques membres engourdis la tentation de se réchauffer. »

Jusqu'ici les commentateurs n'avaient pas pris garde à cette figure comique, qui vaut pourtant la peine d'être étudiée. Si au dix-septième siècle les érudits rassemblèrent en corps les diverses épigrammes concernant le dieu[1], le dix huitième siècle chercha dans ces publications plus d'obscénité que de science, et l'abbé Rive prétend qu'un ouvrage de d'Hancarville (*Veneres et Priapi uti observantur in antiquis*, Naples, 1771) attira des désagréments à son auteur. Ces sortes de recherches, quand elles sont traitées dans un noble but scientifique, purifient leur origine douteuse.

Dans toutes mes lectures relatives à Priape, je n'ai rencontré qu'un érudit modeste, qui n'a pas laissé de nom, et qui, selon moi, a trouvé le sens véritable de la personnalité du dieu ; mais l'homme, que j'ai

[1] *Priapeia, sive diversorum poetarum in Priapum lusus*, illustrati commentariis Gaspari Schioppii, Franci. Patavii, Ger., Nicolaus, 1664, in-8°. — Plus tard un grammairien en donna également une édition : *Erotopægnion, sive Priapeia veterum et recentiorum* (edente Noel). Lutetiæ Parisiorum. C. F. Patris. 1798, petit in-8° avec fig.

connu, était besogneux, employé par les libraires pour tout faire, comme les écrivassiers du dix-huitième siècle; il compilait, traduisait à la fois pour les romans à quatre sous et pour la maison Didot, ne demandait à sa plume ni fortune ni gloire, vivait philosophiquement, se contentant de liberté et d'un maigre gage. Il s'appelait Barré; personne ne connaît son nom, ses travaux ne font pas autorité. On doit cependant à cet humble écrivain la réelle signification de Priape, qu'il a peint vivement dans une page pleine de mouvement :

« Le nombre des statues et des figures de Priape que produisent les fouilles est très-considérable; et l'on peut juger facilement de la quantité d'Hermès de cette espèce, soit de pierre, soit de bois, que l'on devait rencontrer dans les campagnes d'Italie, par la seule inspection du recueil des Priapées. Quelle prodigieuse variété d'inscriptions, toutes destinées à être gravées sur le socle de la statue du dieu des jardins, et la plupart placées dans sa bouche même! Quelle abondance, quelle verve d'injures et d'imprécations contre l'audacieux qui bravera ses défenses! Quelquefois il prie, souvent il menace. Ici il s'enorgueillit de ses armes : Pallas, Phœbus, Alcide et l'Amour ont bien les leurs! là, de sa Lampsaque qui certes vaut bien Dodone, et Samos, et Mycènes. Plus loin il se vante de n'être point un dieu rigide; oh! non, on peut l'approcher sans être pur, *nigrâ fornicis oblitus favillâ!* Puis il étale ses bonnes fortunes, et celles qu'il a eues, et celles qu'il a manquées. Le bavard! Amants du village, ne vous y fiez pas; ce tronc de bois vermoulu voit tout et dira tout. Dans ses révélations facétieuses il pousse la plaisanterie jusqu'au calembour; pédant, il disserte étymologie; érudit, il entrelarde de grec ses distiques latins. Ici il se plaint; le jardin est si pauvre! Les voleurs, ne trouvant plus rien à prendre, emporteront le Priape lui-même. Puis il reçoit les doux vœux de Tibulle : le voilà tout pastoral et plein d'innocence, toutes fleurs confites dans du miel! Et de nouveau voici qu'il s'emporte, il devient furieux, il menace; son arme est la massue d'Hercule, il va frapper tout à l'heure... à l'aide du bras du fermier. — Il est colère, il est lascif, gourmand, vantard et poltron. Quoi de plus? Il est même un peu fripon, ce zélé protecteur des jardins : il permet d'y voler quand on lui paye tribut, ou du moins il conseille d'aller prendre chez le voisin : « *Il est riche, celui-là; voici le chemin, tournez à gauche, au bout de l'allée.* »

« Le drôle de corps! L'excellent type à placer à côté de *Falstaff*, de *Polichinelle* et de *Sancho!* Aucun critique n'avait signalé cette création du génie latin, et l'on croit comprendre Plaute[1] ! »

[1] L. Barré, *Herculanum et Pompéi.* Didot, 8 vol. in-8°, 1837-40.

Falstaff, Polichinelle, Sancho sont cousins de Priape, il est vrai; mais c'est dans l'Orient qu'il faudrait chercher le sosie du dieu antique; j'ai nommé plus haut Karakeuz, le bouffon de Constantinople et d'Alger, dont malheureusement les voyageurs ont négligé d'étudier le caractère. Un jour viendra sans doute où, dessiné par un crayon prudent, Karakeuz pourra montrer les singuliers détours que suit le comique, les germes que laisse chez un peuple l'esprit de conquête, et les analogies d'idées et d'attributs qui se dissimulent sous les habits et le langage d'un pays étranger.

On ne saurait avoir la prétention dans un chapitre si restreint de donner un historique complet des idées antiques relatives au phallus, d'autant plus qu'elles sont de différente nature, à la fois religieuses, licencieuses et satyriques.

Hérodote et saint Augustin font mention de scènes du culte théophallique, qui ne laissent aucun doute sur la gravité des mystères que célébraient les prêtres ou phallophores. Il est resté trace des phallica, sortes de chansons qui se chantaient dans les bacchanales. Voilà pour le culte.

Le culte conduisit à l'obscénité.

On lit, dans les ouvrages d'Arnobius, de Clément d'Alexandrie et de Pline, que les artistes sculptaient ou peignaient des Vénus, des satyres et des scènes amoureuses pour répondre aux goûts des gens riches et de mœurs désordonnées. Dans la plupart de ces tableaux Priape étalait ses nudités sans vergogne, comme aussi la fantaisie fit que le dieu Phallus fut adoré jusqu'à table par les buveurs. On a trouvé des vases obscènes appelés *drillopotæ*. Quand ces vases étaient en verre, ils étaient dits *phallovitroboli* ou *phalloveretroboli* (verres à boire ayant forme de phallus).

Juvénal a dit : « *Vitreo bibit ille Priapo*, » et il ajoute : « *Vitrei penes quas appellant drillopotas.* »

Ces vases représentaient des nains grotesques, avec un phallus énorme dépassant la chlamyde, et par lequel on buvait.

Dans le *Traité des Amours*, attribué à Lucien, on a la preuve que quelques-unes de ces représentations avaient un caractère comique :

« Nous résolûmes de relâcher au port de Cnide, pour y voir le temple et la fameuse statue de Vénus, ouvrage dû à l'élégant ciseau de Praxitèle. Nous fûmes doucement poussés vers la terre par un calme délicieux que fit naître, je crois, la déesse qui dirigeait notre navire. Je laisse à mes compagnons le soin des préparatifs ordinaires, et, prenant de chaque main notre couple amoureux, je fais le tour de Cnide, en *riant* de tout mon cœur des *figures lascives de terre cuite*, qu'il est naturel de rencontrer dans la ville de Vénus. »

C'est pourquoi s'il est permis de regarder quelques-uns de ces monuments phalliques comme des amulettes de bronze, qu'on suspendait dans les temples et dans les maisons pour préserver les habitants des sorts ou pour mener à bonne fin le travail de la génération, certains autres étaient peints et sculptés dans l'unique but de pousser aux idées plaisantes. Les Allemands sont de cet avis, qui ont donné le nom de *Caricatur Merkurs* à un Mercure à cheval sur un phallus à tête de bouc, ornementé de sept sonnettes.

Mercure, le dieu impudique de l'Olympe, a trouvé le véritable coursier pour se présenter auprès des belles de la part de son maître, et il ne se déguise guère pour accomplir sa mission, le phallus à tête de bouc, animal impudique, étant d'un symbolisme clair.

Les sonnettes reparaissent fréquemment, attachées au ventre de ces coursiers licencieux, qui affectaient mille formes bizarres. Et l'explication n'en est pas facile[1].

[1] La publication du chapitre sur Priape dans la *Revue de Paris* a amené nombre de commentaires et de faits curieux qui ne pouvaient trouver place dans le livre actuel; j'indiquerai toutefois l'intéressante communication de M. Philippe Burty, qui me fit passer un croquis d'une pierre sculptée détachée des arènes de Nîmes. Un phallus ailé, accolé à deux compagnons de la même famille, est guidé par une femme qui le tient en bride. Ce phallus à pieds de cerf porte une sonnette au cou. Un érudit a vu dans la représentation de ce monument et la place qu'il occupait dans les arènes, l'endroit où s'asseyaient les courtisanes. C'est par milliers de monuments qu'on compte ces sortes de représentations.

« Le bruit du bronze, dit Théocrite, détruit les impuretés. » Mais cette tintinnabulation attachée aux flancs d'hippogriffes bizarres ne me semble pas expliquée entièrement par le poëte.

Ces grotesques licencieux, ciselés le plus souvent pour servir de lampes, offrent une variété considérable, malheureusement perdue dans de nombreux livres. La question mérite d'être étudiée sérieusement et savamment.

Quel symbole curieux que celui de ce phallus à tête de chien, qui se révolte contre son maître à cheval sur son dos, ouvre une large gueule et semble vouloir le dévorer ! Est-ce une image de la débauche qui tôt ou tard s'empare de son esclave ? Est-ce, d'après le même bronze, l'image de l'homme échappant à ses passions, qui prend son glaive pour trancher la tête de ce phallus furieux[1] ?

On trouva à Herculanum une mosaïque fort curieuse, dont le sujet montre que les Romains se moquaient de Priape et du culte insensé que lui rendaient les femmes et les hommes.

Un Priape-Hermès, représenté par un coq avec les attributs exorbitants du dieu, attend l'arrivée de

[1] Un esprit curieux, dessinateur remarquable, qu'il ne m'est pas permis de nommer, a consacré une partie de sa vie à recueillir, d'après les monuments antiques, tout ce qui a rapport au phallus. Il faut espérer qu'il publiera un jour ses dessins avec des commentaires.

trois oiseaux, une poule, une oie et un canard, qui gravement viennent l'implorer.

Cette mosaïque a donné lieu à deux thèses tout à fait contraires : la première est que l'artiste a voulu prouver que tout dans la nature rend hommage au principe générateur, les hommes, les animaux, les plantes; la seconde thèse incline au satyrique. Selon les commentateurs, l'artiste aurait fait allusion à ce qu'il y a de bestial dans les plaisirs des sens, quand on les sépare des penchants du cœur.

Il y a dans ces représentations matière à méditer pour les esprits les plus sérieux.

Platon, dans le *Timée*, traite de haut la question de la virilité, et Montaigne, le commentant, revient sur cette « virilité tyrannique qui, comme un animal furieux, entreprend par la violence de son appétit sousmettre tout à soy. »

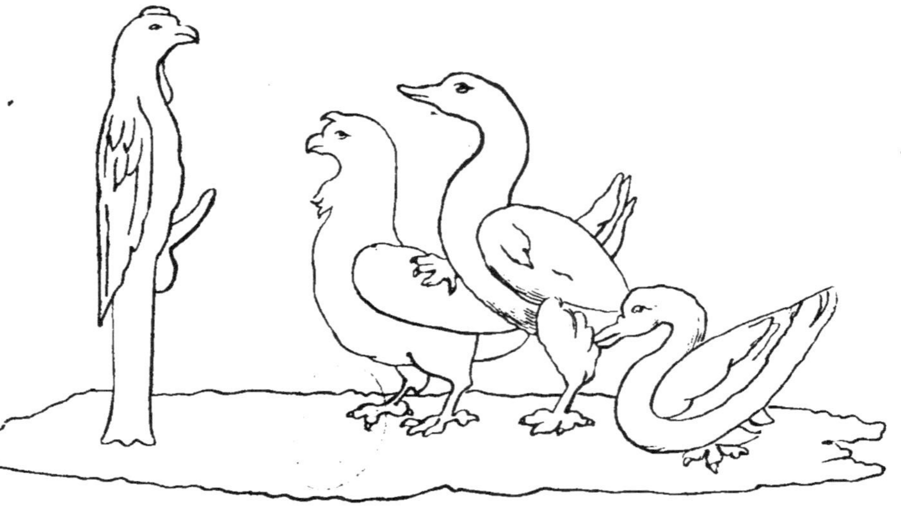

MOSAÏQUE TROUVÉE A HERCULANUM.

XVI

CE QU'ON PEUT PENSER DE LA REPRÉSENTATION GROTESQUE D'UN POTIER.

Dans une thèse curieuse[1], M. Lenormant a fait graver divers monuments auxquels j'emprunte le dessin ci-contre.

« La lampe en terre d'une grandeur remarquable, dit M. Lenormant, que je traduis d'après le latin, a près de deux pieds de long et affecte une forme de navire. Cette poterie dont l'authenticité est incontestable, quoi qu'on ait dit[2], est recommandable à beaucoup d'égards. Elle est de la plus haute anti-

[1] *Quæstionem cur Plato Aristophanem in convivium induxerit*, par Charles Lenormant. Paris, in-4°, Firmin Didot, 1838.

[2] Il semble, d'après ce *quoi qu'on ait dit*, que des doutes s'étaient élevés parmi les archéologues sur l'authenticité de la lampe, que malheureusement la France s'est laissé enlever par l'Angleterre.

quité, comme le prouvent suffisamment les madrépores qu'un long séjour sous les eaux y fixa. Elle vient, dit-on, de Pouzzoles, où le culte de Sérapis était en grand honneur. Le simulacre de ce dieu fait partie des ciselures de la lampe. »

Tout d'abord on est frappé par un mélange singulier d'art sacré et d'art profane. Deux compartiments sont réservés aux divinités peintes dans leur noblesse, et le troisième à un potier ridicule se livrant à l'exercice de son art. Étrange assemblage de noble et de trivial, de grand et de grotesque. Les dieux en haut, en bas un ouvrier contrefait.

L'Olympe antique admettait dans ses rangs un Vulcain boiteux, semblant montrer par là que l'art manuel, la grossièreté des traits et les déformations corporelles qui résultent des durs travaux de la forge n'empêchaient pas, dans une société démocratique, l'ouvrier d'aspirer au rang des dieux. Vulcain était ridicule dans l'Olympe, et Vénus le traitait en Georges Dandin : mais le parvenu n'en faisait pas moins partie du panthéon sacré.

Le potier de la lampe de Pouzzoles n'offre-t-il pas quelque ressemblance avec Vulcain?

M. Lenormant ayant cherché quel était l'usage de cette lampe, le sens des inscriptions gravées dessus et dessous, et quels personnages ces dieux représentent, il est utile de citer son opinion :

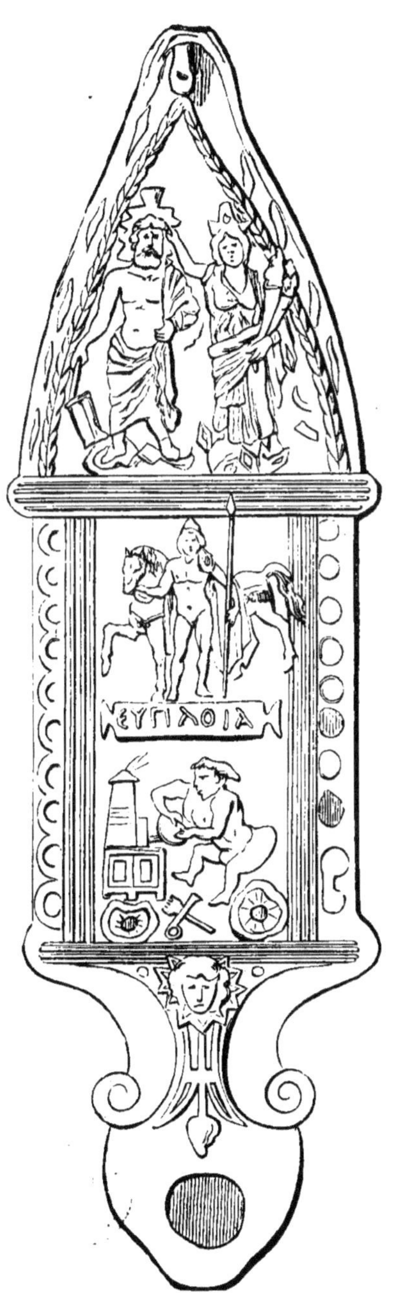

LAMPE DE POUZZOLES

« Nous avons là un vœu soit pour obtenir une heureuse navigation, soit en remerciement d'un trajet sur les eaux accompli heureusement sous les auspices des dieux. Le monument du vœu représente le navire lui-même. A la place de rangs de rames se trouvent vingt trous à mèches.

« Le mot inscrit au milieu, Εὐπλοία, *heureuse navigation*, montre le dessein de l'ouvrier.

« En tête se dresse un jeune homme avec le bonnet phrygien, la lance et la chlamyde, debout près d'un cheval dont il tient les rênes : sans aucun doute, c'est l'un des *frères d'Hélène, astres brillants*, qui écartaient les tempêtes des âmes pieuses. Plus haut se trouve Isis, avec les attributs de la Fortune et de l'Εὐθυνίας, portant une corne pleine de fruits et de fleurs de lotus, la couronne égyptienne, le signe du croissant, et debout près de Sérapis que rendent suffisamment reconnaissable sa barbe, son *pallium*, son aspect et les rayons qui l'entourent. Le gouvernail sur lequel il s'appuie conviendrait mieux à Isis Pharia, maîtresse de l'art de la navigation, si nous ne trouvions sur les monnaies d'Alexandrie Sérapis appuyé sur un gouvernail. Aussi admettrait-on sans peine que ce dieu, chez les anciens, était l'un de ceux qui président à la navigation.

« Voilà pour la poupe du navire. A l'avant se trouve la tête jeune et rayonnante du Soleil, navigateur lui aussi d'après la mythologie égyptienne, origine de la religion de Sérapis. Les anciens eux-mêmes rapportent qu'Hercule traversa la mer sur une coupe. D'ailleurs le Soleil et Sérapis, quelle qu'ait été l'intention de l'auteur du vase, réunissent l'exemple le plus rare et le plus sacré d'une heureuse navigation. Cette opinion, qui paraît embrouillée aux modernes, est cependant éclaircie par l'inscription gravée sous la lampe : ΛΑΒΕΜΕΤΟΝΗΛΙΟΣΕΡΑΠΙΝ, *Sois-moi favorable, Soleil Sérapis.* C'est pourquoi ce navire, orné des signes du Soleil et de Sérapis, est offert à ces dieux mêmes réunis en un seul. »

Après avoir cherché l'origine de ces dieux, M. Lenormant passe à la troisième sculpture, qui se rattache à l'art grotesque, et il a pris le soin de faire dessiner avec quelques développements la figure singulière dont les attributs sont parlants comme les signatures des ouvriers au moyen-âge.

Ce potier tient un vase dans les mains et va le faire cuire dans le four en face de lui; pour qu'il n'y ait aucun doute à ce sujet, l'artiste a modelé aux pieds du potier ses instruments de travail entre lesquels se remarque l'ébauchoir.

La coiffure de l'ouvrier a été expliquée ainsi par M. Lenormant : « On croirait voir sur sa tête une corne de bélier, si on ne reconnaissait là la manière de tresser les cheveux en corne qui se retrouve souvent dans les statues des dieux égyptiens. »

« La forme plastique et grotesque, ajoute l'érudit

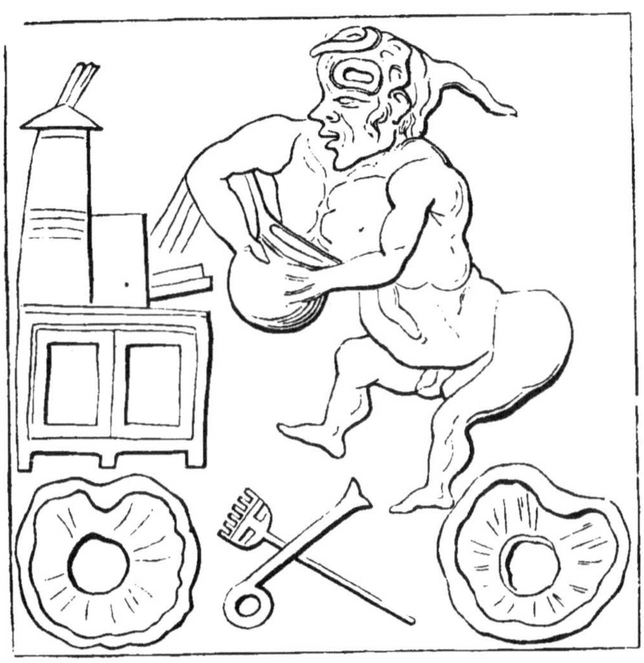

UN POTIER
Fragment de la lampe de Pouzzoles.

à propos de la figure du potier, cache en réalité le dogme le plus antique de la religion égyptienne. »

M. Renan, parlant des symbolisations des monuments de l'Égypte, disait :

« Jamais l'homme en possession d'une idée claire ne s'est amusé à la revêtir de symboles; c'est le plus souvent à la suite de longues réflexions, et par l'impossibilité où est l'esprit humain de se résigner à l'absurde, qu'on cherche des idées sous ces vieilles images mystiques dont le sens est perdu. »

Ceci peut s'appliquer à la lampe de Pouzzoles.

Malgré mon respect pour l'érudition de M. Lenormant, je chercherai un autre sens à la représentation de cette comique figure.

Le potier jouait un certain rôle dans l'antiquité. De son intelligence pratique dépendait la réussite des admirables céramiques que nous ont laissées les anciens : les peintres et les sculpteurs devaient entretenir des relations amicales avec l'ouvrier dont l'habileté répondait de la cuisson des vases, ainsi que de la conservation des peintures ou des sculptures.

Un potier, c'est presque un musicien interprétant la partition du maître.

Il faut avoir vu les tentatives des céramistes modernes pour comprendre les difficultés du métier. La cuisson peut altérer la forme du vase ou sa coloration, et faire d'une belle pièce une chose de *rebut*.

Un potier qui aime son métier est une sorte d'artiste. Qui sait si certains potiers de l'antiquité n'étaient pas à la fois peintres et modeleurs comme Palissy? Cela s'est vu et se voit encore aujourd'hui.

De tout temps le potier eut l'orgueil de sa profession. Les signatures et les *marques* que les curieux cherchent sur les céramiques en font foi; même sous la *couverte* des faïences populaires les plus grossières, il n'est pas rare de retrouver la signature de l'ouvrier. Le mot de *chefs-d'œuvre*, en usage parmi les anciennes corporations d'avant la Révolution, prouve quel orgueil animait l'ouvrier jaloux d'exécuter une belle pièce.

Nous savons, par les monuments étrusques, que souvent furent représentés des potiers employés à la fabrication des vases; mais, jusqu'à présent, la lampe seule de Pouzzoles nous montre une si étrange figure.

Ne se peut-il qu'un modeleur ayant représenté des figures de dieux sur la partie supérieure de la lampe, laissât carrière à son imagination plaisante en caricaturant l'ouvrier qui travaillait habituellement pour lui?

Comment expliquer, sinon par le caprice, l'alliance de la grotesque figure de potier et des dieux qui ornent le haut de la lampe?

M. Lenormant a cherché d'autres explications dans les historiens, et on ne saurait trop admirer les recherches d'un érudit qui voudrait percer les mystères de l'art antique afin d'en faire jouir le public.

Pour sonder les mystères du passé, je regarde l'antique à travers les lunettes du moderne.

J'entre dans ces questions sans autre système que de ramener au simple ce qui me paraît simple, et de ne pas expliquer ce que l'état de la science rend inexplicable. Les artistes de l'antiquité, je les vois sous l'aspect familier, travaillant quelquefois d'après des symboles consacrés dont le sens nous échappe, et le plus souvent se laissant aller à leur imagination.

« Le lecteur habile, dit Montfaucon, jugera de la solidité de cette conjecture. »

XVII

LÉGENDE DES PYGMÉES.

Une véritable histoire de la caricature ne devrait être tentée qu'en signalant en regard des monuments du dessin tout ce qui touche à la satyre. Le *fou*, au moyen âge, n'est-il pas une vivante caricature dont les chroniqueurs n'ont pas dédaigné de recueillir les traits plaisants? Avec la Mort des danses macabres, le fou est chargé de rappeler aux empereurs et aux rois qu'ils sont de simples mortels, et qu'en qualité de mortels la satyre a droit sur eux. Le peuple était donc représenté dans les palais par un être disgracié de la nature, nain quelquefois, bossu toujours, dont la langue « bien pendue » s'attaquait aux actes des grands comme à leurs habits, à leurs vices comme à leurs passions.

Ce fou avait le privilége de tout dire et de tout faire; laid et mal venu, il nourrissait au fond du cœur une haine contre les courtisans de belle prestance. Son costume bigarré l'irritait contre la soie et le velours des princes : sa dure fonction de toujours rire faisait que, méprisant les grands, il lançait à la tête de son maître des hardiesses qu'on appellerait *révolutionnaires* aujourd'hui; mais, comme le moyen-âge ne prévoyait pas 1789, ces fous ne paraissaient pas dangereux, et les bâillonner eût semblé une énormité.

Les fous existèrent dans l'antiquité avec les mêmes apanages, les mêmes hardiesses, les mêmes bosses. Et l'antiquité, les trouvant plaisants, en a laissé sur les murs de Pompéi, d'Herculanum, de nombreux témoignages peints.

Les Romains aimaient à écouter les facéties des nains : ceux d'Alexandrie étaient réputés les plus spirituels, et les Égyptiens en faisaient le commerce. Auguste, quoiqu'il eût ces monstruosités en horreur, montrait à ses hôtes un jeune nain à la voix énorme, nommé Lucius, qui ne pesait que dix-sept livres, et il permit à Julia de se faire suivre d'un nain nommé Canopa. Tibère entretenait un nain parmi ses bouffons, comme plus tard Philippe IV fournit à Velasquez l'occasion de peindre l'étrange et admirable tableau des nains de la cour. Alexandre-Sévère donna au peuple le spectacle de nains, de naines, de morions, de muets mêlés aux pantomimes; et saint Jean Chrysostome dit que de son temps la coutume était de se divertir à la vue de ces monstruosités de la nature.

Dans le *Traité du Sublime*, Longin raconte qu'on enfermait des enfants dans des coffres pour les empêcher de croître. Il en fut longtemps ainsi en Chine; la fabrication des nains s'y faisait encore récemment, et j'eus le plaisir de causer avec un de ces monstres artificiellement obtenus, qui dirigeait, il y a quelques années, une troupe de clowns chinois en représentation au théâtre de la Porte-Saint-Martin.

Les peintures antiques, d'après les nains, prêtent à de nombreux commentaires, non parce que les renseignements manquent, ils abondent au contraire; mais les nains se rattachent autant aux croyances populaires qu'à la satyre. J'essayerai de démêler de mon mieux un écheveau de notes compliquées, et si les lecteurs n'y voient pas trop les nœuds, l'auteur sera payé de sa peine.

Le premier, Homère en a parlé :

« Lorsque, à la voix de leurs chefs, ils se sont rangés en bataille, les Troyens s'avancent et jettent une haute clameur, mêlée de cris aigus, comme ceux des oiseaux sauvages. Tel s'élève jusqu'au ciel le cri rauque des *grues*, qui, fuyant les frimas et les grandes pluies de l'hiver, volent sur le rapide Océan pour porter aux *Pygmées* le carnage et la mort. Habitantes de l'air, elles livrent à des *humains* de cruels combats. »

Homère croyait à l'existence de Pygmées, ainsi que beaucoup d'autres grands esprits de l'antiquité; et cette croyance se répandit tellement chez les Romains, qu'il était peu de maisons particulières et même de temples qui ne fussent décorés de peintures de nains combattant contre les grues.

Les grues n'ont jamais passé pour des oiseaux très-vaillants. Leurs adversaires étaient donc de pauvres et faibles petits myrmidons à qui il fallait tout un attirail de défenses : boucliers, cuirasses, casques et lances pour combattre d'innocents animaux. Quelle joie pour un Pygmée que d'emporter triomphalement le corps d'une lourde grue! Hercule combattant contre les oiseaux stymphalides n'était pas plus glorieux.

Pline fit de nombreuses recherches pour découvrir l'origine et les traces des Pygmées; il en trouve en Thrace, en Asie, aux Indes. Suivant lui, c'étaient des nains laboureurs aux environs du Nil qui avaient déclaré une guerre à outrance aux grues qui venaient manger leurs semailles, et, par là, amenaient la famine[1].

[1] Dans sa *Dissertation sur les Pygmées* (tome V des *Mémoires de l'Académie des belles-lettres*) l'abbé Banier dit : « Ce qu'il y a de particulier dans cette fable, c'est que les historiens en

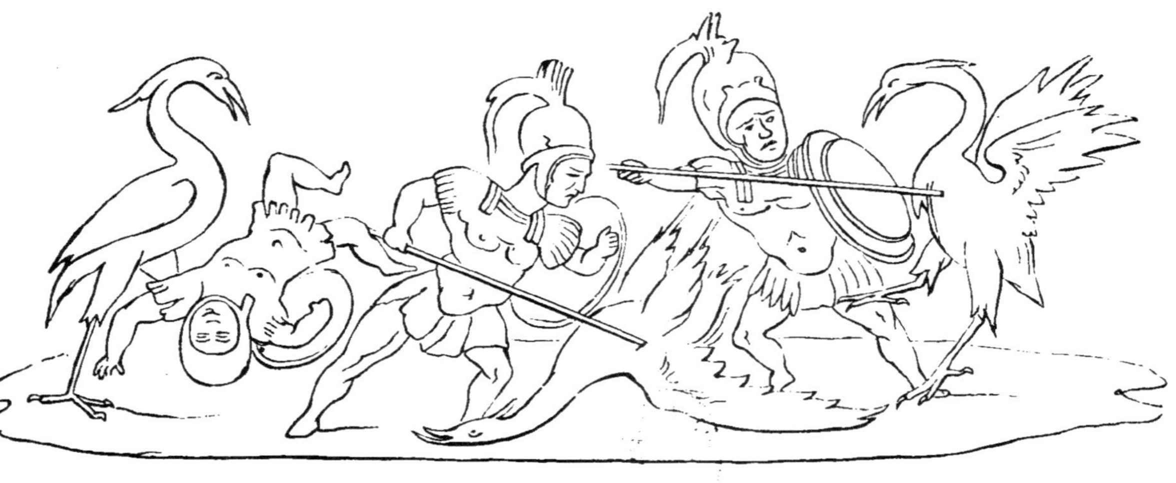

PYGMÉES COMBATTANT CONTRE DES GRUES

Fresque de Pompéi.

Pline recueillit toutes les croyances populaires des voyageurs et des naturalistes de la Grèce et les donna sérieusement : « Cela est certain, » dit-il (*non exspuere*). Parlant avec une foi robuste des hommes à têtes de chien, de la nation des Astomes (sans bouche), des Thibiens qu'on reconnaît, « parce qu'ils ont dans un œil une pupille double et dans l'autre une effigie de cheval, » Pline ne pouvait manquer de s'intéresser à ces fantastiques Pygmées :

« Au delà, dit-il, à l'extrémité des montagnes (de l'Inde), on parle des Trispithames et des Pygmées, qui n'ont pas plus de trois spithames de haut, c'est-à-dire vingt-sept pouces. Ils ont un ciel salubre, un printemps perpétuel, défendus qu'ils sont par les montagnes contre l'Aquilon. Homère rapporte de son côté que les grues leur font la guerre. On dit que, portés sur le dos de béliers et de chèvres, et armés de flèches, les Pygmées descendent tous ensemble au printemps sur le bord

parlent comme les poëtes, sans adoucissement, sans restriction; et eux, qui soulagent si souvent les mythologues, quand il s'agit de ramener quelque ancienne fiction à un sens raisonnable, ne servent ici qu'à augmenter leurs embarras. En effet, Ctésias, Nonnosus, Pline, Solin, Pomponius-Méla, Basilis dans Athénée, Onésicrite, Aristée, Isogonus de Nicée et Égésias dans Aulu-Gelle, même les Pères de l'Eglise, saint Augustin, saint Jérôme, tous sont d'accord sur l'existence des Pygmées, sur leur petite taille et sur leurs combats avec les grues. »

de la mer, et mangent les œufs et les petits de ces oiseaux ; que cette expédition dure trois mois ; qu'autrement ils ne pourraient pas résister à la multitude croissante des grues ; que leurs cabanes sont construites avec de la boue, des plumes et des coquilles d'œufs. Aristote (*Hist. an.*, VIII, 12) dit que les Pygmées vivent dans des cavernes ; il donne pour le reste les mêmes détails que les autres. »

Pline cite diverses villes, de l'autre côté de la Thrace, « où l'on rapporte qu'était jadis la nation des Pygmées ; les barbares les appellent Cattuzes, et croient qu'ils ont été mis en fuite par les grues. »

Ailleurs il dit encore : « La nation des Pygmées a une trêve par le départ des grues, qui, comme nous l'avons dit, leur font la guerre. »

Pline croyait aussi que les grues, la nuit, posaient des sentinelles un caillou dans la patte, afin que si ces sentinelles s'endormaient, le caillou, en tombant, réveillât les autres grues endormies la tête sous l'aile.

Ces légendes firent du chemin jusqu'à ce que le commentateur Blaise de Vigenère entreprît de les ruiner.

« Tout cela estant primitiuement party de la forge (comme le tesmoigne Aulu-Gelle au quatriesme chapitre du nevfiesme des *Nuits Attiques*), de je ne sçay quel Aristeas Proconesien, Isigonus, Ctesias, Onesicritus, Polystephanus, et autres tels resueurs fan-

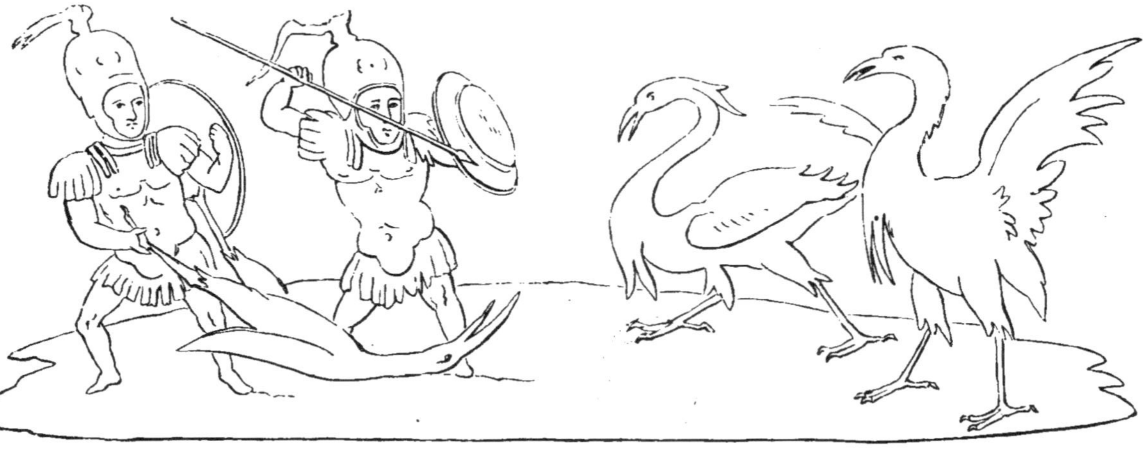

PYGMÉES COMBATTANT CONTRE DES GRUES

Fresque de Pompéi.

tastiques, reuendeurs de comptes de la Cigoigne[1]. »

Les « comptes de la Cigoigne » ne sont pas à dédaigner. N'ont-ils pas valu à la France du dix-septième siècle un de ses plus beaux livres, les *Contes de la mère l'Oie?* Qu'il s'agisse de cigognes ou de grues, ces croyances antiques sont le premier chaînon des traditions populaires qui commencent aux Pygmées décrits par Homère pour aboutir, comme on le verra plus tard, au chef-d'œuvre de Swift.

Les Pygmées étaient donc, d'après Pline, de pauvres nains protégeant les semailles contre les grues. Et ici, qu'on me permette d'indiquer brièvement les analogies des traditions populaires du monde ancien et du monde moderne. Les peuples agriculteurs ou mineurs, les hommes qui attaquent la terre en dessus ou en dessous, ont tous des croyances analogues. Les *Kobold* de l'Allemagne, les nains des frères Grimm, les *Berggeist*, les *Bergmännlein* ou petits hommes des montagnes de la Silésie, les *Sothays* du pays wallon sont les proches parents des Pygmées antiques. Peu de légendes germaniques où les *Kobold* ne jouent un rôle; peu de maisons de Pompéi et d'Herculanum où ne soient retracés les exploits des Pygmées. Aussi Tichsbein commet-il

[1] Blaise de Vigenère, *Les Images ou Tableaux de platte peinture des deux Philostrate*, 1614, in-folio.

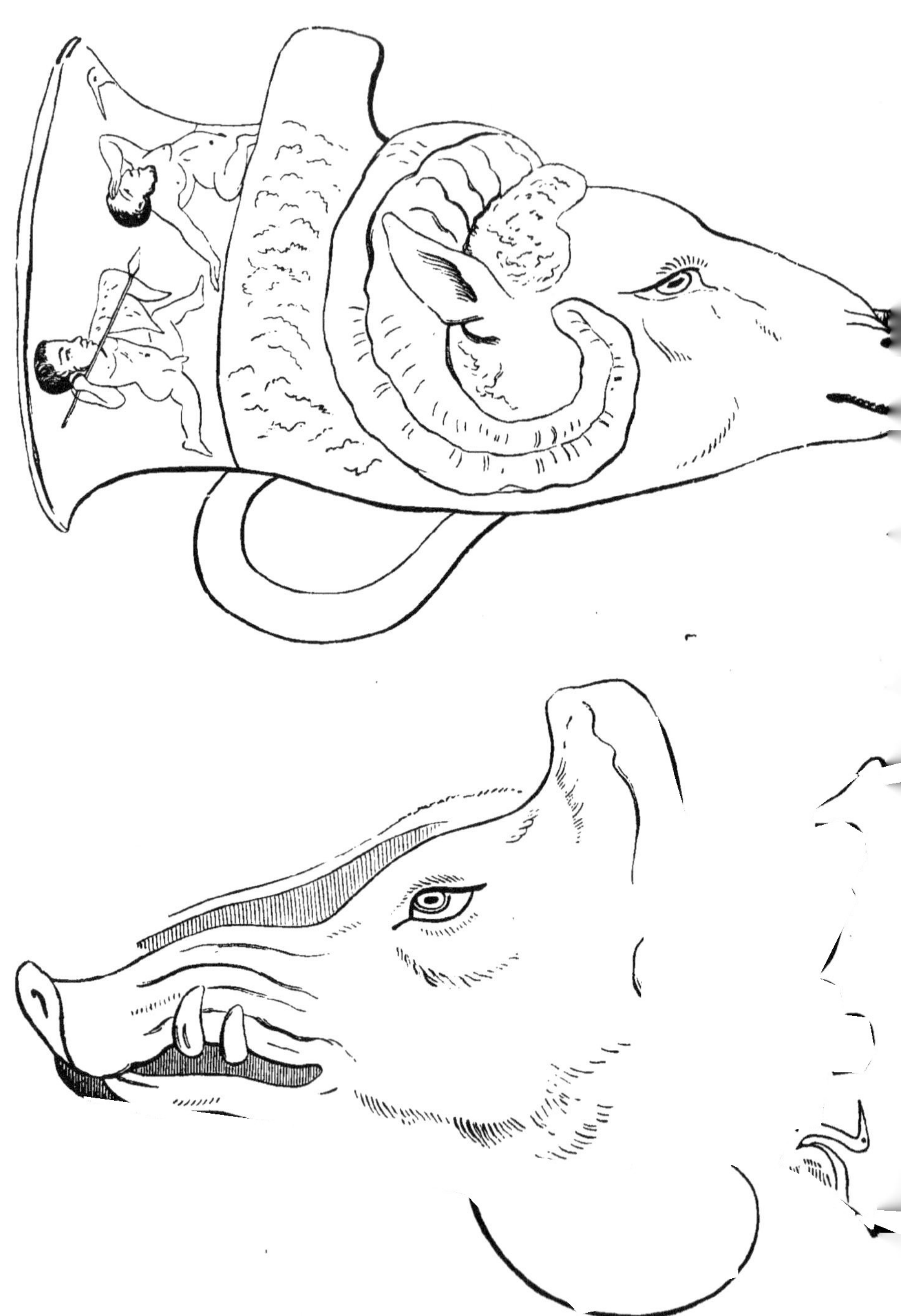

VASE ANTIQUE REPRÉSENTANT UN COMBAT DE PYGMÉES.

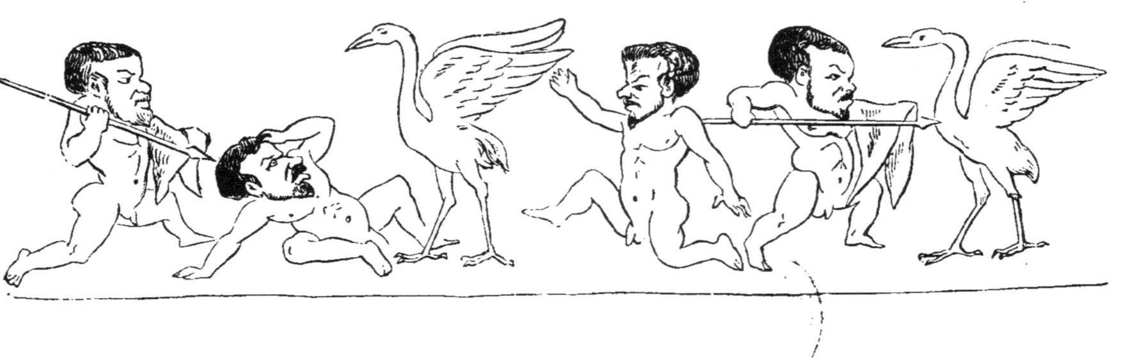

FRISE DU VASE PRÉCÉDENT.

une erreur dans la note suivante, tirée de son *Recueil de vases antiques :*

« Les anciens, dit-il, donnaient souvent des formes singulières aux vases qui leur servaient à boire. Un, entre autres, offre à la fois la tête d'un bélier et celle d'un sanglier. Sur le bord de ce vase, qui forme le col des deux têtes, se trouve le seul monument de l'antiquité qui nous offre en peinture le combat des Pygmées contre les grues. »

Ce monument est loin d'être le *seul* relatif aux Pygmées : il est même difficile de faire un choix parmi les peintures ou sculptures relatives aux combats des grues et des Pygmées ; cependant une fresque de Pompéi servira de preuve aux récits de Pline comme les deux premiers dessins servent de commentaire au poëme d'Homère.

Les Pygmées d'Égypte, suivant la représentation des peintres de l'antiquité, étaient de petits vieillards chauves qui faisaient le commerce et transportaient en bateau des jarres pleines de la liqueur si recherchée du lotus.

Cette fresque trouvée dans une maison de Pompéi, près d'une porte de la ville, semble indiquer le lieu de naissance des Pygmées. L'Égypte apparaît dans ces feuilles de lotus, dans ces crocodiles, dans ces hippopotames[1].

[1] M. de Rochefort (trad. de l'*Iliade*) et M. de Paw (*Rech. sur les Égyptiens*) avancent cette théorie, que dans le langage allégorique

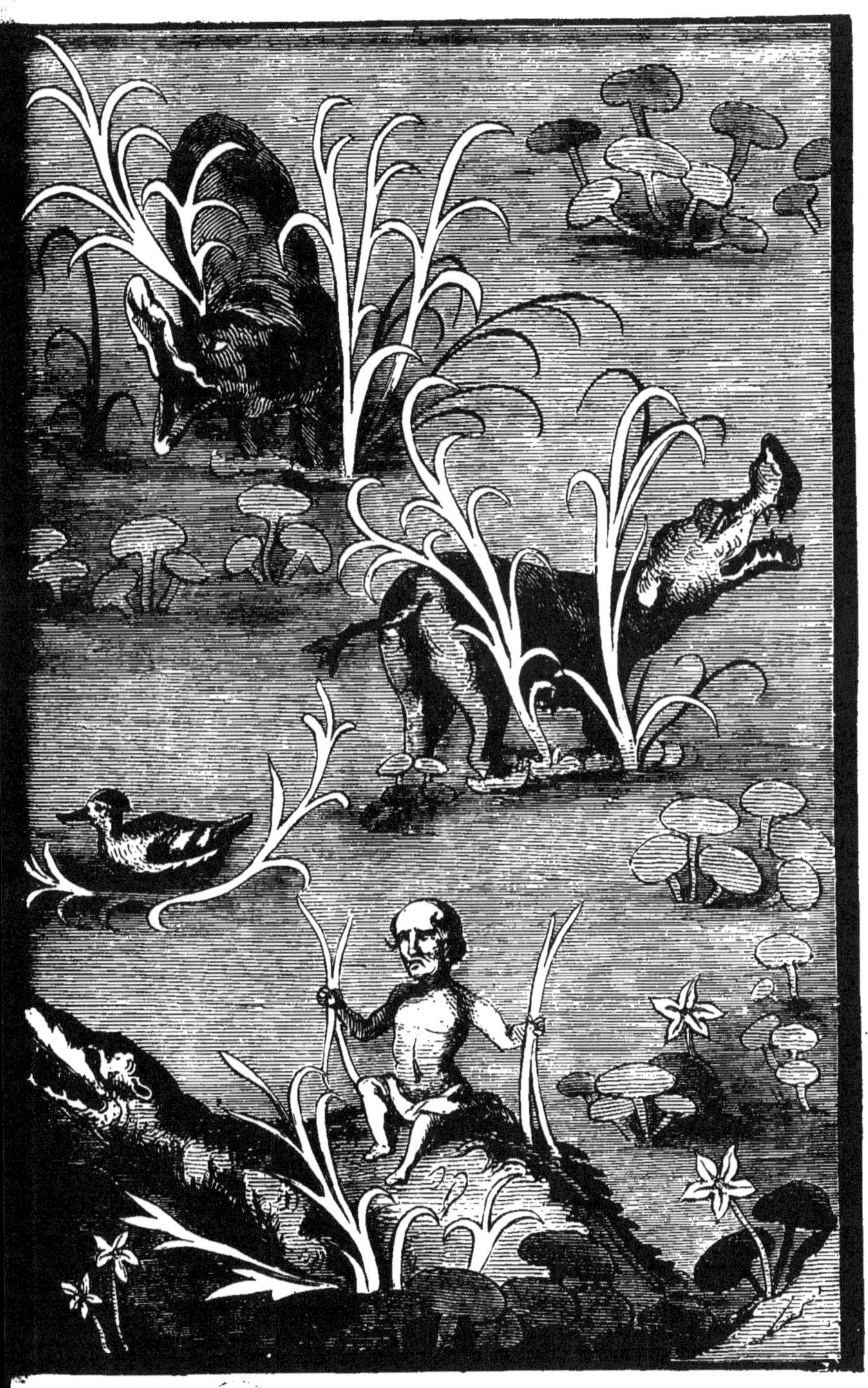

LES PYGMÉES, D'APRÈS UNE FRESQUE ANTIQUE.

16

Il n'est guère de musée d'Italie qui n'offre de pareilles images. Au musée du Capitole à Rome, on voit des fresques représentant de petits vieillards chauves, ramant sur le Nil et, à côté des barques, des hippopotames et des crocodiles se jouant au milieu des lotus. Sur les toits des maisons qui bordent le fleuve sont perchées des cigognes et des grues contemplatives.

Dans le temple de Bacchus à Pompéi, se trouvaient de petits tableaux de Pygmées, intercalés dans les ornements des murailles. Peintures curieuses par les détails d'architecture; ainsi on remarque souvent des tours crénelées dans le paysage qui sert de fond.

Les Pygmées ne s'asseyaïent pas sans danger sur le dos des crocodiles, et l'une des peintures du temple de Bacchus prouve que les nains n'avaient aucun caractère sacré. Un crocodile, caché dans les roseaux, se précipite tout à coup sur un des petits monstres chauves et n'en fait qu'une bouchée, malgré les cris de deux Pygmées qui, sur le bord du

des Égyptiens, dont ces figures ont été empruntées, le combat des Pygmées contre les grues ne désignait autre chose que le décroissement du Nil au temps où ces oiseaux quittent les climats du Nord pour passer au Midi, c'est-à-dire vers le mois de novembre, aux approches de l'hiver. Qu'il est dangereux, dans les recherches sur l'antiquité, de quitter la terre ferme du fait! Les matériaux ne sont pas encore assez nombreux pour en tirer des déductions symboliques que la plus mince trouvaille de demain peut détruire.

fleuve, lèvent leurs bras vers le ciel en poussant des lamentations.

Il est bon d'étudier une maison de simple particulier à Pompéi et d'y chercher les raisons de la persistance avec laquelle les peintres introduisaient des Pygmées partout.

Des nains combattant contre des grues se trouvent sur les parois du cubiculum, derrière la petite chambre dans la *Casa di' Capitelli colorati*, déblayée à Pompéi en 1833. Cette paroi appartient à une chambre (exèdre) à droite du péristyle du milieu, et sur la paroi opposée se remarque la belle peinture de Vénus et Adonis. Le fond de cette admirable paroi est d'un bleu céleste (cœlon) avec lequel s'harmonisent l'ocre lucide (rouge) et le chrysocolle jaune. Quelques grecques blanches discrètement posées courent sur le bleu céleste du fond. Une peinture, *la Vente des Amours*, rompt la monotonie du cœlon. Au-dessus du péristyle sont massés des trophées d'armures. Deux petits paysages complètent la décoration; mais l'harmonie charmante du cœlon et de l'ocre lucide reste pour toujours dans les yeux de celui qui a vu ce charmant réduit, peut-être une chambre de femme.

Dans la même *Casa di' Capitelli colorati* se trouvait encore une pièce renfermant deux grands paysages historiques, dont l'un a pour sujet Hercule délivrant Prométhée, l'autre, Polyphème et Galatée.

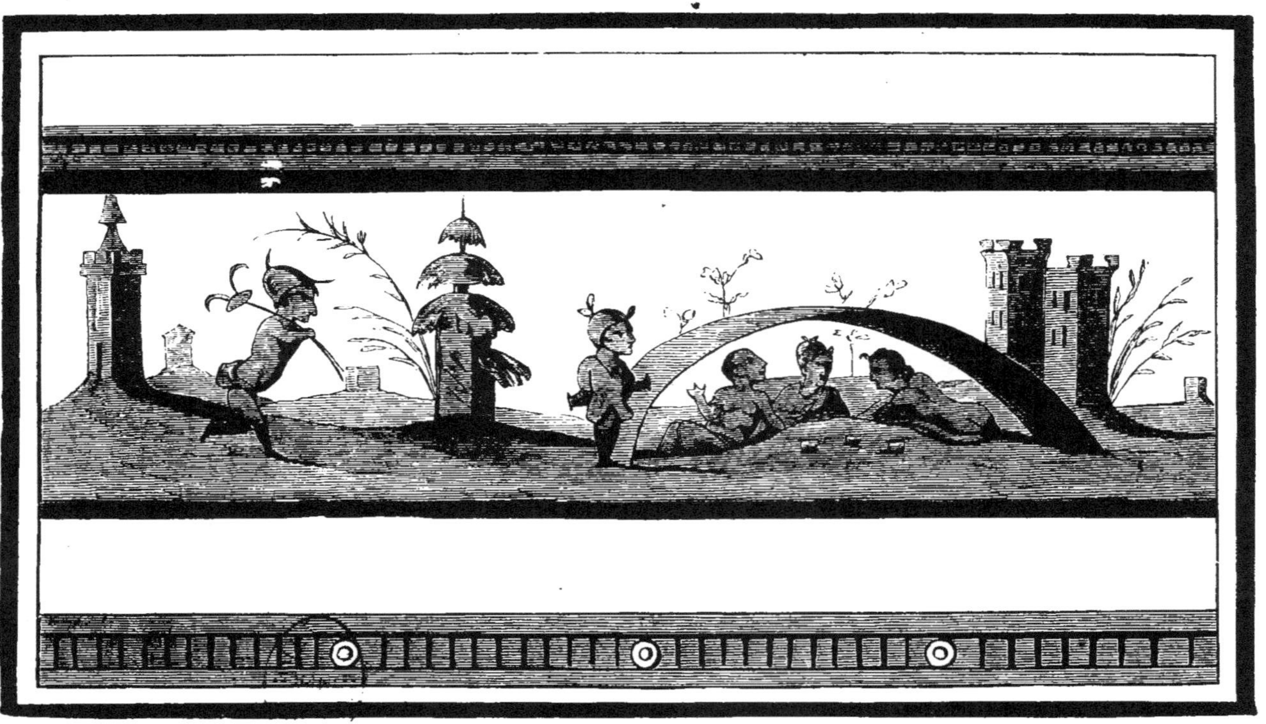

PEINTURE DE PYGMÉES, D'APRÈS UNE FRESQUE DU TEMPLE DE BACCHUS.

Non loin de ces paysages, on remarque trois fresques de Pygmées combattant contre les grues; et il était important de noter l'assemblage de tableaux si divers. *La Vente des Amours* n'a pas de rapports avec les paysages mythologiques, et ceux-ci sont sans trait d'union avec la peinture des croyances populaires relatives aux Pygmées.

Ici je hasarderai une hypothèse, sans forcer les érudits à la partager. Une maison était occupée par une famille composée d'hommes, de femmes et d'enfants. La femme voulut peut-être avoir sous ses yeux le galant tableau de *la Vente des Amours;* un membre de la famille se plaisait sans doute à contempler les actions des héros de la mythologie, et il est permis de croire qu'on amusait les enfants par les contes, peints sur la muraille, de Pygmées allant en guerre contre les grues.

N'y a-t-il pas quelque chose de grotesque dans ces nains casqués, le bouclier au bras, en grande tenue de guerre, tantôt vaincus, tantôt vainqueurs, toujours pleins de solennité et de rage contre des animaux si peu dangereux? Selon Vossius, dont le texte manque de clarté et a dérouté les commentateurs, les Pygmées étaient peints « sur des surfaces courbes qui les grossissaient [1]. » Il faut en-

[1] Aristote dit qu'ils sont « comme les figures peintes sur les murs d'auberges qui sont petites, mais apparaissent larges et profondes; ainsi sont les Pygmées. »

tendre vraisemblablement par là que ces images peintes, mises en rapport avec des surfaces courbes de métal ou de verre, paraissaient plus grotesques encore : c'est ainsi que les curieux, dans les jardins publics, s'émerveillent devant des boules métalliques rondes où latête s'élargit pendant que la partie inférieure du corps, suivant l'ondulation sphérique, va se rétrécissant. Ces images de nains, réfléchies par des miroirs convexes, servaient probablement de jouets aux enfants.

Les historiens et les poëtes nous apprennent que les scènes des Pygmées étaient le plus habituellement peintes sur les murs des tavernes et des cabarets, comme en France sont accrochées dans les auberges les vulgaires imageries d'Épinal. Horace (liv. II, sat. VII) parle de ces « combats peints en rouge ou au charbon » sur les murailles des auberges.

Ces peuples fantastiques étaient un jouet pour les êtres naïfs, et leur nom lui-même n'est qu'une sorte de jeu de mots. Πυγμή veut dire à la fois *coudée* et *pugilat*. Les nains hauts d'une coudée sont représentés sans cesse se battant, quelquefois même entre eux.

Sauf Strabon, qui, à différentes reprises, nie l'existence des Pygmées (« ce peuple, dit-il, n'a jamais été vu par quelque homme digne de foi »), les voyageurs de l'antiquité rapportent nombre de fables à leur propos.

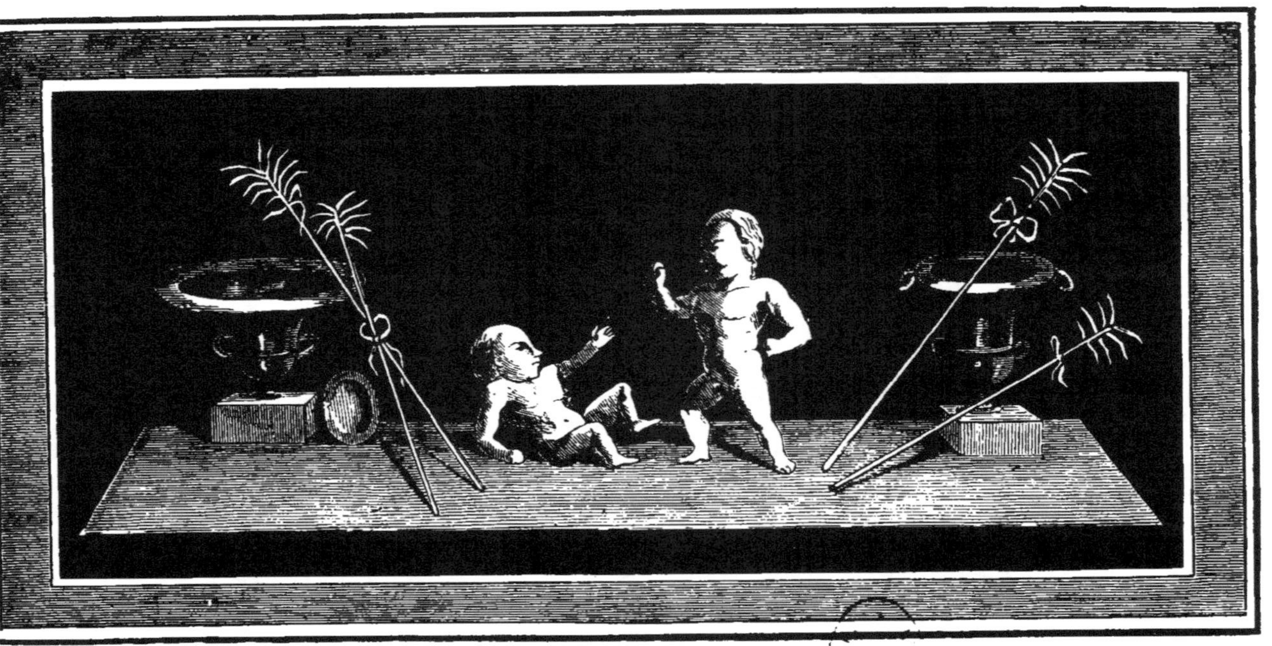

PYGMÉES COMBATTANT,

D'après une gravure des *Pittore Ercolano*.

Les nains s'emparent des œufs de grues et bâtissent leurs maisons avec des coquilles d'œufs.

Un poëte satyrique, Palladas, qui s'inspira souvent des épigrammes anciennes et les habilla au goût de son temps, comparant le lâche Caïus aux Pygmées, disait :

« Recrute-t-on une armée pour combattre des escarbots, des cousins ou des mouches, la cavalerie des puces ou des grenouilles? Tremble, Caïus, crains qu'on ne t'enrôle comme étant un soldat digne de tels ennemis; mais si on lève une armée d'élite, de gens de cœur, reste tranquille, sois sans inquiétude. Les Romains ne font pas la guerre aux grues et n'arment pas les Pygmées. »

Et le poëte Julien, dans une autre épigramme sur un peureux :

« Par prudence, demeure à la ville, de peur que tu ne sois attaqué à coups de bec par quelque grue avide du sang des Pygmées. »

J'ai déjà signalé de certaines analogies entre le comique ancien et le comique moderne : ce sont des nez d'un développement considérable ou des tailles d'une extrême petitesse, deux détails dont se sont emparés de tout temps les esprits facétieux.

Ce qu'était réellement le peuple Pygmée, on le verra plus loin; il est certain que la population naissait de taille chétive, et que cette exiguïté servit de thème de raillerie aux anciens, les petits hommes grossissant d'habitude leur importance à raison de leur courte taille.

Il suffit de lire quelques épigrammes d'un poëte grec, Lucilius, qui rappelle Henri Heine se querellant avec les lettrés de son temps. Il a laissé une vingtaine d'épigrammes sur les petits hommes ses contemporains, et je prends au hasard trois de ces fantaisies dans l'*Anthologie :*

« Sur une tige de blé, ayant fiché une pointe et s'étant attaché au cou un cheveu, le petit Stratonice s'est pendu. Qu'arriva-t-il? Il n'est pas tombé à terre entraîné par son poids; mais au-dessus de sa potence, bien qu'il n'y ait pas de vent, son corps s'enlève et voltige. »

Épigramme qui fait penser à Tom Pouce.

« Un léger coup de vent emporte dans les airs Chérimon, moins lourd qu'un fétu de paille, et il y serait encore le jouet des zéphyrs si une toile d'araignée ne l'eût arrêté et pris. Là, étendu sur le dos, il fut ballotté cinq jours et cinq nuits, et ce n'est qu'au sixième jour qu'il parvint à descendre le long d'un fil de cette toile. »

Un autre caprice du même poëte semble un croquis à l'eau-forte :

« Minestrate, à cheval sur une fourmi comme sur un éléphant, est tombé soudainement à la renverse, et est resté étendu sur le dos. Une ruade de la fourmi lui a donné le coup de la mort..., etc. »

Fantaisies humoristiques proches parentes de celles que nous a transmises Eustathe sur les Pygmées.

Ils montent à cheval sur des perdrix, et ce sont des courses insensées à travers les airs à la poursuite des grues qui ravagent leurs récoltes[1].

Je n'ai malheureusement pas retrouvé de peintures de ces fictions. Trop souvent les peintres d'Herculanum se sont complu à des grossièretés qu'il est difficile au crayon de rendre. Ces petits hommes contrefaits, qui passaient de longues journées sur le Nil, commettaient dans leurs barques de basses obscénités qui ne sont pas relevées par la beauté des formes.

Les Pygmées étaient cependant des êtres pieux ; quelquefois la peinture les a montrés adorant les dieux et occupés à célébrer des fêtes religieuses dans les temples.

Il est fâcheux qu'une fresque d'Herculanum se détacha lors de la trouvaille, car on perdit avec le corps des personnages les détails d'un repas de Pygmées pendant que leurs frères sacrifiaient à l'autel.

Les ruines d'Herculanum fournissent aux curieux

[1] « On doit considérer comme une fable ce que dit Basilis, au rapport d'Athénée, que les Pygmées faisaient tirer leurs chariots par des perdrix. Onésicrite, plus sensé, assure au contraire, selon Strabon, que ces peuples donnaient également la chasse aux perdrix et aux grues, qui venaient consommer leurs grains, en quoi il n'y a rien d'incroyable. » (Abbé Banier, déjà cité.)

de nombreux motifs relatifs à la vie agricole de ce peuple de myrmidons.

Les appartements étaient souvent ornés de frises dans lesquelles il ne faut pas chercher d'intentions satyriques. Ce sont le plus habituellement des Pygmées occupés à des travaux de campagne, et un pinceau plaisant les a prodigués autour des murailles sans autre idée que celle d'égayer un instant la vue.

Les Pygmées tiennent tous le *pedum* ou bâton pastoral.

Les fouilles de Gragnagno ont mis en lumière quelques-unes de ces peintures sur fond blanc ; les corniches sont jaunes, les filets rouges, les figures de couleur cuivrée, drapées d'étoffes rouges et les chapeaux jaunes. Paysage, fabriques, arbres et plantes ne semblent pas traités conventionnellement.

A propos de ces peintures qui ornaient les appartements, les érudits se sont épuisés en conjectures.

L'un d'eux a vu des *singes* dans ces grosses têtes plantées sur de petits corps.

« Il est assez probable, dit le commentateur, que l'auteur a voulu représenter, sous la forme de singes, des individus dont il a changé les visages, et peut-être certains usages ou certaines habitudes de son siècle dont il a fait ici une critique que nous ne saisissons pas. Les caricaturistes anciens rappro-

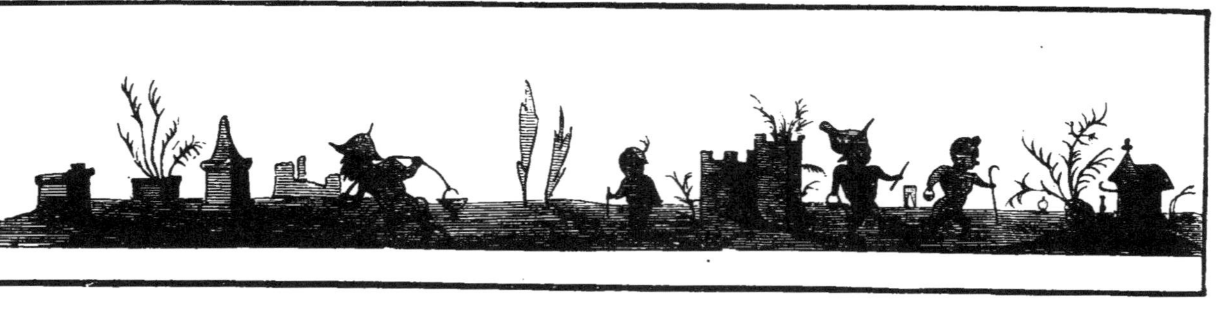

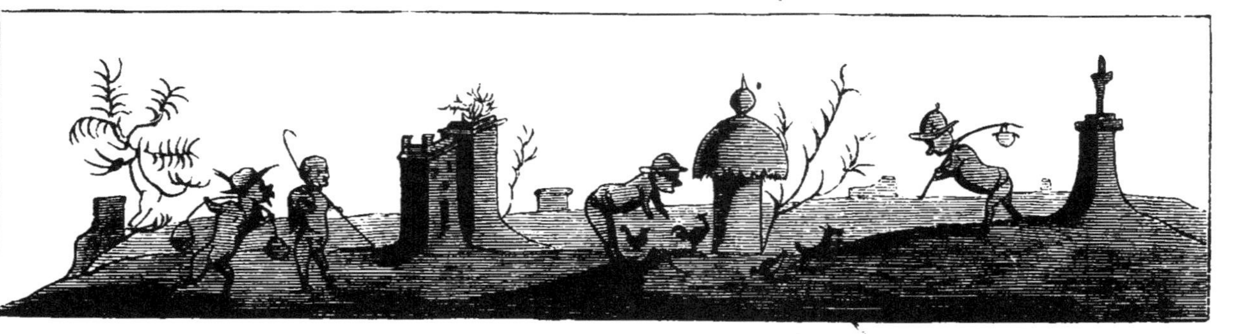

FRISES D'HERCULANUM.

chaient presque toujours leurs charges de la forme de quelque animal. Ainsi, celle de Gallien, dans le médaillon de Buonarotti (*Médaillons*, p. 322), a de l'analogie avec le bouc, et celle du sophiste Varus (Philostrate, liv. II) avec une cigogne. S'il faut voir ici une critique de l'époque, nous devrons penser que le peintre a ridiculisé la manie de l'imitation, qui est le caractère du singe. »

Les dessins précédents, copiés par le dessinateur avec soin, sont sous les yeux du lecteur. Je cherche une trace de ressemblance entre les Pygmées et les singes, et ne la trouve pas. Singuliers yeux parfois que ceux d'un commentateur qui, fatigué par la lecture, rêve à un singe, bâtit une théorie, court à sa bibliothèque, feuillette un dictionnaire à l'article Singe, rédige son texte, le bourre de notes, appelle à son aide Varus, Philostrate, les deux Pline, Homère, Aristote, Strabon, Photius, Hérodote, Juvénal, Ctésias, fouille les volumineux mémoires de l'Académie des inscriptions, et, fier de sa découverte de singes, s'endort la conscience en paix.

Un autre, à propos des peintures de Pygmées, y retrouve l'origine des Chinois. Buonarotti (*Appendix à Dempster*) est l'auteur de cette interprétation : « Quelques plantes de ce petit tableau paraissent appartenir au sol de l'Égypte, » dit-il. Mais Buonarotti ne trouvant pas que les constructions et les chapeaux de ces petits personnages aient de rapports avec l'architecture et les coiffures de l'antique Égypte, en conclut trop facilement que ces détails appartiennent au style chinois. *Donc*, suivant lui, les Chinois ont été Égyptiens.

Mon but, en reproduisant ces singuliers commentaires, n'est pas de railler des savants, mais de signaler combien l'excès dans les recherches peut conduire à la bizarrerie.

Plus curieux qu'érudit, j'ai trop d'avantages sur le savant qui, se piquant de savoir, doit prouver sa science et ne rester jamais à court d'explications. Un archéologue qui ne donnerait pas immédiatement le sens d'une peinture de vase qu'un visiteur lui demande, ressemblerait à Vatel attendant la marée qui ne vient pas.

La fable des Pygmées était devenue populaire par les récits des voyageurs et des naturalistes. « Ce sont des hommes de petite stature dont les chevaux sont petits aussi, et qui habitent dans des cavernes, » disait Aristote. Les poëtes et les conteurs s'emparèrent de ces récits et les colorèrent suivant leur imagination. Athénée parle d'un ancien auteur qui, dans un poëme sur la génération des oiseaux, cherchant quels rapports existaient entre les Pygmées et les grues, disait de cet oiseau que « c'était une femme illustre chez les Pygmées, à laquelle ces peuples déférèrent des honneurs divins; enflée d'orgueil, elle méprisa les dieux, et particulièrement Diane et Junon.

Celle-ci, irritée, la changea en un vilain oiseau, et voulut que ce fût le plus cruel ennemi des Pygmées. »

Les peintres traduisirent plus tard en caprices d'ornementation les croyances des naturalistes, des poëtes et des conteurs, d'où l'explication des nombreuses peintures et sculptures de Pompéi et d'Herculanum.

Les naturalistes de nos jours, Buffon et Cuvier en tête[1], ont voulu avoir raison de ces Pygmées, et les anomalies de l'organisation de ces petits hommes leur ont donné droit d'entrée dans la tératologie, une science qu'on ne consulte pas assez pour la connaissance de l'art figuré de l'antiquité et du moyen-âge. « L'art antique est inséparable de la tératologie, » dit avec raison M. Berger de Xivrey dans son intéressant livre[2]. Seuls, les naturalistes peuvent expliquer ces monstres sur lesquels Pline revient avec tant de complaisance : les Acéphales, les Tétrapodes, les Monocoles, les Cynocéphales, les Macrocrânes, les Hémantocèles, les Monotocèles et autres peuplades à noms plus barbares que le corps.

[1] « Le roi ou le vainqueur gigantesque, les vaincus ou les sujets, trois ou quatre fois plus petits, auront donné naissance à la fable des Pygmées. » (Cuvier, *Discours sur les révolutions du globe.*)

[2] *Traditions tératologiques ou Récits de l'antiquité et du moyen-âge en Occident sur quelques points de la fable, du merveilleux et de l'histoire naturelle,* publiés d'après plusieurs manuscrits inédits, grecs, latins et en vieux français. Paris, 1836, in-8°.

M. Sainte-Beuve, aussi curieux de l'antique que du moderne, souhaitait une sorte d'*aquarium* où l'érudit pourrait voir naître les fables populaires, leur sortie de la coquille et le chemin détourné qu'elles suivent.

J'essayerai de tracer la marche de cette légende.

Hercule, après sa victoire contre Antée, se réveillant assailli tout à coup par une foule de nains courant sur son corps, qui cherchent à lui enlever sa massue, a fourni plus tard à Swift le chapitre des Lilliputiens armés contre Gulliver, et il est intéressant de comparer ces deux versions, leurs analogies, leurs variantes, et comment l'humoriste anglais s'est servi du thème du sophiste grec, Philostrate Lemnien, traduit par Blaise de Vigenère :

« Hercules s'estant endormy en Libye après avoir vaincu Anteus, est assailly par les Pygmées, alleguans de vouloir venger cettui cy, dont quelques-uns des plus nobles et anciennes maisons sont les propres frères germains. Non toutefois si rudes combattans comme il estoit, ny à luy esgaux à la lucte, néanmoins tous enfans de la Terre, et au demeurant braves hommes de leur personne. Or, à mesure qu'ils s'en jettent dehors, le sablon bouillonne et frémille en la face d'icelle, car les Pygmées y habitent aussi bien comme les fourmis, et y serrent leurs provisions et victuailles sans aller escorniller les tables d'autruy : ains vivent du leur propre et de ce qui provient du labeur de leurs mains : parce qu'ils sèment et moissonnent, ont des chariots attelés à la Pygméïenne. On dit aussi qu'ils s'aydent des coignées pour abattre le bled, estimant des épis que ce soit quelque haulte futaie. Mais quelle outre-cuidance à ceux-cy (je vous prie) de se vouloir attacher à Hercules, lequel ils mettront à mort en dormant comme ils disent : et quand bien il seroit esveillé, si ne le redoubteroient-ils pas pour cela. Luy cependant prend son repos sur le deslié sablon, estant encore tout las et rompu du travail de la lucte...

« Le camp des Pygmées a déjà enclos Hercules dont ce gros bataillon de gens de pied va charger la main gauche, et ces deux enseignes d'élite s'acheminent devers la droite, comme les plus puissans : les archers et la troupe des tireurs de fronde assiégent les pieds, tous esbahis que la jambe soit ainsi grande; mais ceux qui combattent la tête, parmy lesquels est le Roy en bataille, parce qu'elle luy semble le plus fort endroit de tout Hercules, traisnent là leurs machines et engins de batterie ; comme si ce devoit être la citadelle où ils lancent des feux artificiels à sa chevelure : lui présentent leurs sarfoüettes tout droit aux yeux, blacclent et étouppent sa bouche d'un grand huys jeté au devant, et les naseaux de deux demi-portes, afin que la tête estant prise il ne puisse plus avoir son haleine. C'est ce qu'ils font autour du dormeur.

« Mais le voilà qui se redresse et éclate de rire au beau milieu de ce danger, car empoignant tous ces vaillans champions, il les vous serre et amoncèle dans sa peau de lyon et les emporte (comme je crois) à Euristhée. »

En mettant en regard du récit de Philostrate le passage relatif à la prise de Gulliver par les habitants de Lilliput, on verra l'analogie.

« J'essayai alors de me lever, dit Gulliver, mais ce fut en vain. Comme je m'étais couché sur le dos, je trouvai mes bras et mes jambes attachés à la terre de l'un et de l'autre côté, et mes cheveux, qui étaient longs et épais, attachés de même. Je trouvai aussi plusieurs ligatures très-minces qui entouraient mon corps, depuis mes aisselles jusqu'à mes cuisses.

« Je ne pouvais regarder que le ciel ; le soleil commençait à être fort chaud, et sa grande clarté me fatiguait les yeux. J'entendis un bruit confus autour de moi ; mais dans la posture où j'étais, je ne pouvais, je le répète, ne voir que le ciel. Bientôt je sentis remuer quelque chose sur ma jambe gauche, et ces objets avançant doucement sur ma poitrine, monter jusqu'à mon menton. Dirigeant comme je le pus ma vue de ce côté, j'aperçus une créature humaine, haute tout au plus de six pouces, tenant à la main un arc et une flèche, et portant un carquois sur le dos. J'en vis en même temps au moins quarante autres de la même espèce qui le suivaient. Dans ma surprise, je jetais de tels cris que tous ces petits êtres se retirèrent saisis de peur ; et il y en eût même quelques-uns, comme je l'ai appris ensuite, qui furent dangereusement blessés par les chutes qu'ils se firent en se précipitant à terre. »

Gulliver s'étant remué, « ces insectes humains prirent la fuite avant, dit-il, que je pusse les toucher, et poussèrent des cris très-aigus. Et aussitôt je me sentis percé à la main gauche de plus de cent flèches qui me piquèrent comme autant d'aiguilles. Ils en firent ensuite une autre décharge en l'air, comme nous tirons des bombes en Europe ; plusieurs, je crois, me tombèrent sur le corps, quoique je ne les aperçusse pas, et d'autres s'abattaient sur mon visage, que je tâchai de couvrir avec ma main droite. Quand cette grêle de flèches fut passée, je m'efforçai encore de me dégager ; mais on fit alors une autre décharge plus grande que la première, et quelques-uns tâchaient de me percer de leurs lances...

« C'était avec raison, ajoute Gulliver, que je me croyais d'une force égale aux plus puissantes armées qu'ils pourraient mettre sur pied pour m'attaquer, s'ils étaient tous de la même taille que ceux que j'avais vus. »

Ainsi le chef-d'œuvre anglais découle des Pygmées

peints, dont j'ai donné plus d'un exemple, et dont il existait cinq sculptures à l'ouverture du musée Campana.

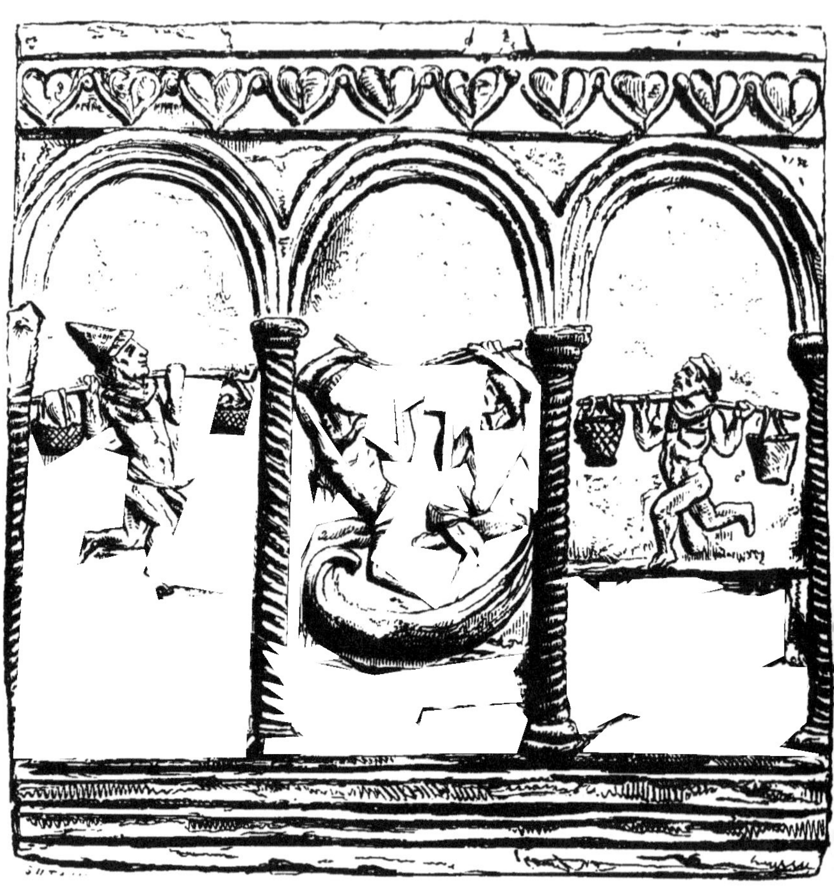

PYGMÉES,
D'après une terre cuite du musée Campana.

C'étaient des terres cuites coloriées, dites antéfixes, qu'on appliquait aux frises des maisons et qui probablement étaient moulées, car les sujets se répètent fréquemment sans modifications.

Les grues, les cigognes, les barques, les maisons couvertes de paille au bord du Nil, les hippopotames et les crocodiles reparaissent dans ces antéfixes coloriées grossièrement de jaune, de rouge et de bleu. Toujours les Pygmées portent au bout du *pedum*, qu'ils quittent rarement, un panier, ou une volaille, ou quelque vase contenant de la boisson. Gnomes sans cesse en mouvement, occupés aux travaux des champs, ils n'ont pas poussé les artistes anciens à la recherche de la beauté; mais leurs jeux, quand ils se rencontrent, la tournure singulière qu'ils prennent, la rodomontade et le cynisme de leurs gestes auront sans doute frappé

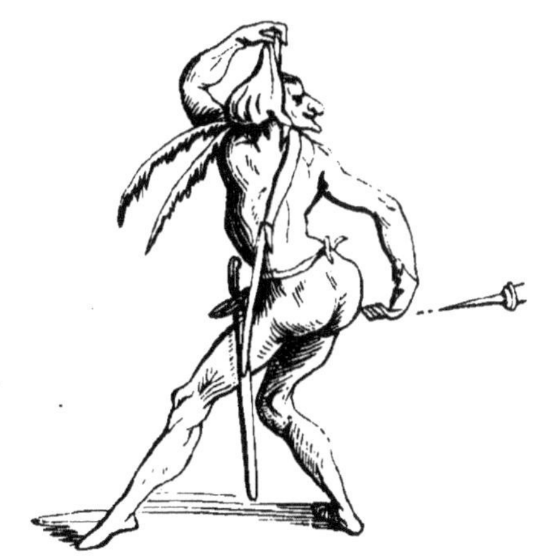

D'après Callot.

Callot lors de son séjour en Italie. Qui comparera les antéfixes du musée Campana avec les fameux Capitano Cardoni et Maramao, et surtout les folâtreries du Capitano Babeo et de Cucuba, pourra s'assurer si l'imagination m'emporte dans ces études de comique comparé.

Les Pygmées appartiennent-ils à la caricature proprement dite? Je ne sais; mais inspirer à la fois Callot et Swift, n'est-ce pas un titre suffisant pour une mention dans une Histoire de la caricature antique?

XVIII

PRÉEXCELLENCE DE LA SATYRE ÉCRITE DANS L'ANTIQUITÉ.

Gœthe, traitant *de la Parodie chez les anciens*[1], disait :

« Chez les Grecs, tout est d'un seul jet et tout est d'un grand style. C'est le même marbre, c'est le même bronze qui sert à l'artiste pour le Faune comme pour le Jupiter, et toujours le même esprit répand partout sa dignité.

« Il ne faut nullement chercher ici l'esprit de parodie, qui se plaît à revêtir et à rendre vulgaire tout ce qui est élevé, grand, noble, bon, délicat ; ce génie nous a toujours paru un symptôme de décadence et de dégradation pour un peuple. Au con-

[1] *Conversations de Gœthe, recueillies par Eckermann*. Lire l'excellente traduction de M. Émile Délerot. Charpentier, 1863, 2 vol. in-18.

traire, chez les Grecs, la puissance de l'art relevait la grossièreté, la bassesse, la brutalité, et ces éléments, en opposition radicale avec le divin, pouvaient alors devenir pour nous un sujet d'étude et de contemplation aussi intéressant que la noble tragédie.

« Les masques comiques des anciens qui nous sont parvenus ont une valeur artistique égale à celle des masques tragiques. Je possède moi-même un petit masque comique, en bronze, que je n'échangerais pas contre un lingot en or, car chaque jour sa vue me rappelle la hauteur de pensée qui brille dans toutes les œuvres que nous ont laissées les Grecs.

« Ce qui est vrai de la poésie dramatique est vrai également des beaux-arts ; en voici des preuves :

« Un aigle puissant (du temps de Myron ou de Leusippe) vient de s'abattre sur un rocher, tenant dans ses serres deux serpents ; ses ailes sont encore en mouvement, il semble inquiet, car sa proie s'agite, se défend contre lui et le menace ; les serpents s'enroulent autour de ses pattes, mais leurs langues pendantes indiquent leur fin prochaine. — Une chouette s'est posée sur un mur ; ses ailes sont rapprochées, elle serre ses griffes dans lesquelles elle tient plusieurs souris à moitié mortes ; celles-ci enroulent leurs queues autour des pattes de l'oiseau, et avec leurs derniers sifflements s'en va leur dernier souffle.

« Que l'on mette maintenant ces deux œuvres

d'art l'une en face de l'autre! Il n'y a là ni parodie ni travestissement; il y a deux objets naturels pris l'un en haut, l'autre en bas, mais tous deux traités par un maître dans un style également élevé; c'est un parallélisme par contraste; chaque œuvre isolée plaît, et, réunies, leur effet est frappant. »

Gœthe ne parle ici que de sujets familiers. Le sculpteur grec qui se plaisait à la reproduction d'animaux ne cherchait pas à faire acte de parodie ni de caricature; et en ceci il plaisait à Gœthe que blessait l'idée de caricature ou de parodie.

Ce grand esprit si large et si fécond, qui s'intéressait à toute manifestation artistique, regimbait contre le satyrique. Et pourtant, quoique à l'époque où parut ce morceau sur la *Parodie chez les anciens*, Gœthe ne pût connaître les richesses que soixante ans de fouilles ont arrachées à la terre, son opinion a du poids, et l'homme de génie avait pronostiqué presque juste. Sauf de rares exceptions, les Grecs conservèrent la sérénité dans leurs moindres objets d'art.

« Un peu moins scrupuleux que leurs maîtres les Grecs, disait M. Mérimée[1], les Romains ont cependant toujours idéalisé leurs modèles, et même en figurant des monstres fantastiques, ils ne se sont pas écartés entièrement du *beau*. Leurs centaures,

[1] *Notes d'un voyage dans le midi de la France* (1834).

par exemple, sont de beaux hommes entés sur de beaux chevaux. Si parfois ils ont voulu exprimer la laideur, ils se sont attachés à la rendre *terrible*, évitant qu'elle parût *dégoûtante*. D'ailleurs, les rares exemples antiques se réduisent à l'exagération de quelques traits de la face, et la face dans une figure nue n'a qu'une importance secondaire. »

« En relisant ce qui précède, ajoute M. Mérimée dans une note, je me suis rappelé un passage de Lucien (*Dialogue du Menteur*) où il est question d'une statue difforme; mais l'exemple n'est pas concluant puisqu'il s'agit d'un portrait, celui de Pilicus, capitaine corinthien, par Démétrius qui le représenta avec *un gros ventre* et des veines enflées. »

En effet, la caricature, à l'état rudimentaire chez les artistes de l'antiquité, est souvent plus nettement indiquée par le poëte que par le peintre.

« Tu as l'âme boiteuse comme le pied; la nature a fait de ton extérieur l'image parfaite de ton intérieur, » est une épigramme de Pallas sur un boiteux. Ainsi en deux vers apparaissent le physique et le moral d'un de ces personnages difformes dont Quintilien disait :

« *Risus oriuntur ex corpore ejus in quem dicimus, aut ex animo, aut ex factis, aut ex iis quæ sunt extra posita.* »

(Les rires naissent [ou sortent] du corps de celui dont nous parlons, ou de son esprit, ou de ses actions, ou des choses qui sont hors de lui [et à son entour]).

Imperfections du corps, défauts d'esprit, mœurs, passions mauvaises, habitudes, vices, accidents de naissance, condition, fortune, sont des sources où s'alimente volontiers la caricature.

A propos des surnoms grotesques dans l'antiquité, Cicéron disait : « *Materies omnis ridiculorum est in istis vitiis quæ sunt in vita humana.* »

(Toute la matière des ridicules est dans ces vices qui sont dans la vie humaine.)

Et ailleurs encore : « On rit beaucoup en voyant ces images où l'on devine presque toujours une difformité ou quelque défaut du corps avec une ressemblance plus laide. » (Cic., *de Orat.*, II.)

Mais la véritable caricature est dans les poëtes du temps, dessinée quelquefois comme par un Daumier. Je ne puis lire certain passage de Ménandre sans penser à un Turcaret moderne que les crayons satyriques ont poursuivi pendant trente ans sous toutes les formes, dans sa vanité comme dans ses habits, dans son intérieur comme dans son extérieur. Le beau portrait que ce fragment de Ménandre, buriné comme par l'outil d'un graveur en médailles! Toutefois, je ne suis pas certain, ainsi que le dit M. Guillaume Guizot[1], que Denys, tyran d'Héraclée,

[1] Ménandre, *Étude historique et littéraire sur la comédie et la société grecques*. Didier, 1855, in-18.

dut se récrier avec une admiration cynique et se reconnaître lui-même, si jamais quelque compagnon d'orgie lui lut ces vers des *Pêcheurs* :

« Le gros porc était étendu sur le ventre. Il menait une vie de débauches telle qu'on ne peut la mener longtemps. — Voici, disait-il, la mort que je désire tout particulièrement, la seule qui soit belle à mon gré : mourir couché sur le dos, le ventre tout sillonné par des plis de graisse, pouvant à peine parler, et tirant l'haleine du fond de la poitrine, mais mangeant encore, et disant : Je crève de volupté! »

Voilà la vraie caricature antique.

Malgré la finesse d'exécution du petit bronze de Caracalla, du musée d'Avignon (voir chap. XII), et quoique bien des instincts cruels soient exprimés dans les traits de cette figurine satyrique, combien elle est loin de ce portrait de Ménandre!

Et si l'on en excepte la caricature de Caracalla, quels documents a-t-on trouvés sur les grands hommes de l'antiquité qui répondent aux vœux de l'ingénieux rédacteur du *London and Westminster Review?*

« Une bonne caricature contre Cicéron, César ou Marc-Antoine, si le hasard en faisait retrouver une dans les fouilles d'Herculanum, nous dirait pourquoi et comment on se moquait alors de ces grands personnages; nous retrouverions les émotions contemporaines, nous pourrions nous remettre, si j'ose le dire, au niveau des intérêts, des folies et des passions d'autrefois. L'histoire, telle qu'on l'écrit ordinairement, n'est pas vivante. Dans la caricature, non-seulement elle vit, mais elle a cette existence intense, rude et mauvaise que donnent les passions. »

On n'a découvert jusqu'ici en Italie de caricatures ni contre Cicéron, ni contre César, ni contre Marc-Antoine. On a retrouvé la caricature d'une figure bien plus considérable, de la figure de « celui que nulle parole ne peut faire comprendre. » Et comme on mesure les palais à l'ombre qu'ils répandent, tout homme est jugé grand qui traîne après lui des légions de négateurs, de gens hostiles, d'esprits bas qui se remuent, s'attroupent, s'épaississent et font repoussoir à son génie.

« Au triomphe de Paul-Émile, les brocardeurs qui suivaient ordinairement le char s'apprêtaient à égayer de leurs lazzis la marche du consul ; mais quand apparut, revêtu de la pourpre, le vainqueur de Persée, ils restèrent muets devant tant de grandeur[1]. »

C'est là le mauvais côté d'un art populaire qui, vivant d'improvisation, favorise malheureusement les haineuses passions contre le grand et l'héroïque ;

[1] *Dictionnaire politique* (Paris, Pagnerre, 1857), art. CARICATURE, par M. Ch. Blanc.

mais, si l'ironie mordante est une insulte au vainqueur, il ne faut pas oublier combien elle soulage et ranime le cœur de l'opprimé. La caricature aux mains de la majorité est répugnante; son amertume est relevée quand elle combat pour les minorités. Je connais des caricatures réconfortantes, de vraiment vaillantes, à travers lesquelles apparaissent avec l'âme de l'artiste ses colères de lion enchaîné, ses aspirations, son mépris pour les vices des parvenus, comme aussi sa haine pour d'odieux gouvernants. Ici, plus de mesquineries taquines, mais le souffle large d'une poitrine qui, trop longtemps comprimée, éclate et donne naissance à une trombe satyrique où sont emportés trônes, sceptres, couronnes, signes de distinction, grades, dignités, richesses, voltigeant dans un tourbillon destructeur.

Holbein, résumant les idées de ses contemporains sur la Mort, arrive avec sa Danse égalitaire à des effets de grandeur et de sarcasme, de mépris pour les grands, de pitié pour les faibles, qui font de la caricature un art chrétien.

Christianisme et caricature, ces deux mots semblent jurer.

Quelle est la doctrine qui, rappelant l'homme à sa misère, lui montrait son humilité, lui faisait prendre en pitié grandeur, fortune, beauté, et lui criait sans cesse que son corps formé de poussière devait retourner en poussière? Et quel art dépouilla l'homme de ses vains ornements et se plut à grossir et à exagérer sa bassesse, ses vices, ses passions? La caricature, qui, à son insu, servait la doctrine chrétienne.

La caricature devint une arme dont tour à tour chaque parti se servit. Ce fut quelquefois une arme utile, quelquefois une arme dangereuse, qui fait comprendre la répugnance de Gœthe pour l'égratignure inutile, la raillerie irréfléchie, le sarcasme mince et cruel, d'accord quelquefois avec les délateurs et les bourreaux.

Sous le règne d'Auguste, Jésus apparut tout à coup, simple, noble, majestueux. Et on pressentit quel rôle l'inconnu allait jouer dans l'humanité. Il était vaincu et il ne fut pas épargné, car ses ennemis sentaient qu'aucune force ne pouvait brider sa parole victorieuse. Il disait à ceux qui l'entouraient : « Aimez-vous les uns les autres. » Et on le condamna, mais on ne put condamner sa doctrine. On le crucifia, mais on ne put crucifier son idée. Et, quoique crucifié, Jésus fut caricaturé. Mais la caricature ne put empêcher qu'au-dessus de sa pâle et belle figure apparût ce nimbe mystique dont le rayonnement devait éclairer l'humanité.

XIX

GRAFFITI.

Peu de monuments qui ne rappellent à ceux qui les visitent que d'autres curieux les ont précédés. Avec le couteau ont été creusés dans la pierre des noms et des devises, des souvenirs et des emblèmes. L'impression de solitude et de grandeur que produisent les tours d'une cathédrale, le donjon d'un vieux château, qu'est-ce pour l'ouvrier qui creuse profondément dans la pierre le nom de sa maitresse, pour le soldat qui grave à la suite de son nom le numéro de son régiment? Son registre, le registre du peuple. Il agit comme le touriste qui, visitant un manoir célèbre, couche ses impressions bourgeoises sur le registre du concierge. Mais pour quelques souvenirs touchants que de légendes grossières!

Les murailles sont le papier des fous, dit un proverbe français, et il faut que ce proverbe soit vrai, car il existe en espagnol et en allemand :

Una pared blanca
Sirve al loco de carta.

« Une muraille blanche sert de papier à lettre » aux fous, dit l'espagnol.

Narrenhænde
Beschmieren Tisch und Wande.

« Les mains des fous souillent tables et murailles, » dit l'allemand.

Comme les modernes, les anciens se servaient de ce papier des fous; le stylet que portaient constamment avec des tablettes de cire les philosophes, les poëtes, les grammairiens et les enfants s'y prêtait d'ailleurs.

Pour celui qui n'avait pas de tablettes de cire sous la main, de grands murs s'offraient à tout instant à l'instrument pointu. Et c'est ainsi qu'à Pompéi on a retrouvé tant d'inscriptions si diverses, où se peuvent suivre la pensée du poëte, celle du spectateur frappé au cirque par la vue d'un gladiateur, celle du peintre traçant, à l'aide d'un charbon, les premières lignes de son tableau, celle de l'amant qui laisse éclater le secret de son cœur, celles des buveurs maudissant la cabaretière, celle du débauché surexcité par des pensées érotiques, celle enfin de l'enfant qui, sorti de l'école, s'arrête devant un mur en musardant et trace un croquis naïf.

Un jésuite, archéologue distingué, le P. Garucci, a donné de ces inscriptions ou *graffiti* des dessins et d'intéressants commentaires, et c'est à l'aide de son livre[1] qu'il est permis aujourd'hui d'entrer dans quelques particularités relatives à la vie privée des anciens.

Il est curieux d'observer quel sentiment intérieur pousse l'enfance à dessiner ce qui frappe ses yeux, et pourquoi, dans l'antiquité comme dans les temps modernes, le même contour baroque fait que le gamin de Paris ou l'enfant romain qui sortait de classe, semblent avoir également étudié à l'école des Beaux-Arts de l'ignorance.

Le portrait ci-contre appartient à cette classe. De ce *graffito*, le P. Garucci a dit dans une trop courte notice : « PEREGRINUS. *Portrait couronné en caricature.* » Le savant jésuite penche pour une satyre; je tiens pour un dessin tracé par un enfant et il ne faudrait rien moins que l'ingénieux Töpffer pour trancher la question. Malheureusement l'auteur de *Monsieur Jabot* est mort, et aucun esthéticien n'a

[1] *Graffiti de Pompéi.* Inscriptions et gravures tracées au stylet, recueillies et interprétées par Raphaël Garucci, de la Compagnie de Jésus, membre résidant de l'Académie d'Herculanum. Deuxième édition. Atlas de 32 pl. Duprat, 1856.

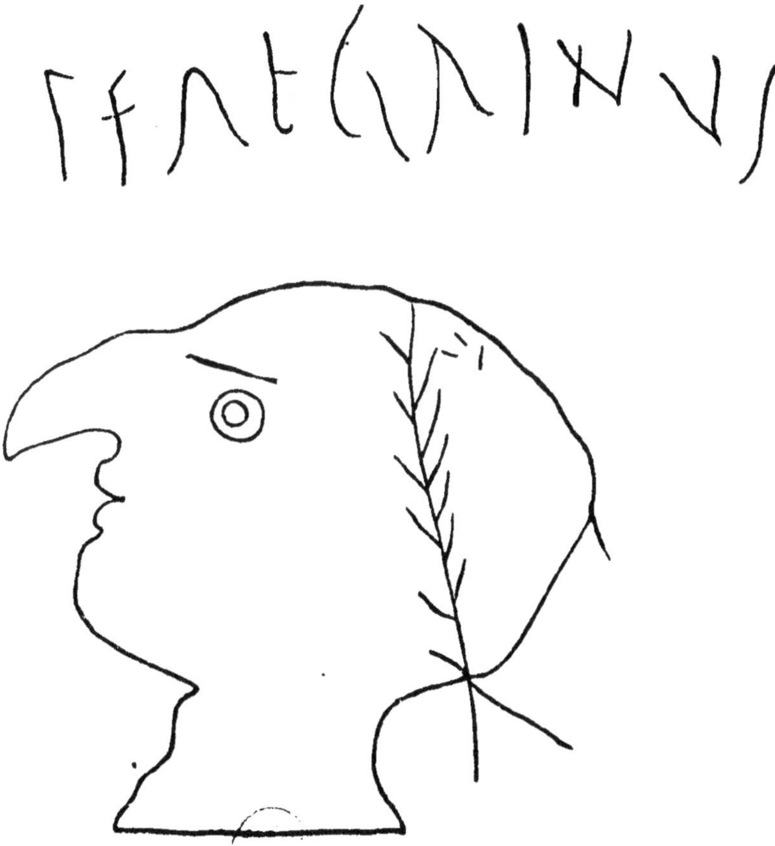

DESSIN D'ENFANT

Relevé sur les murs de Pompéi.

continué à creuser le sillon qu'il avait capricieusement tracé[1].

Pour naïf, ce dessin l'est; ou l'artiste s'est caché sous le masque si difficile à garder, le masque de la naïveté.

On joue la grandeur, on monte sur des échasses pour représenter l'héroïque, on feint le passionné : des paroles sonores, de grands gestes, des éclats de voix, de longues périodes, peuvent dans tous les arts tromper momentanément le public; mais la naïveté, voilà où échouent les natures les plus subtiles.

Un enfant aura voulu retracer sur les murs de Pompéi la figure d'un triomphateur, couronné de laurier, qu'il admirait sur son char. De la noblesse des traits il a tiré un nez grotesque; du front il a fait une plate continuation du nez, comme l'œil s'est changé en œil de perroquet, s'écartant outre mesure (ainsi font tous les enfants) de la racine du nez[2].

Essai de Physiognomonie, 1 vol. in-4°. autographié. Genève, 1845.

Töpffer avait étudié avec un grand soin les premiers essais de profils tracés par les enfants, et il en donna divers spécimens dans son *Essai:* « Si cette figure est moins stupide que la première, dit-il en comparant divers types, cela tient principalement à ce que j'ai diminué l'écartement des paupières et approché l'œil du nez. » Ailleurs, dans diverses physionomies, où apparaît « un caractère commun de bêtise, » Töpffer montre que ce caractère « tient au trait le plus analogue qu'elles aient entre elles, savoir la forme de l'œil et la place qu'il occupe. »

Si ce portrait n'était pas naïf, il faudrait en conclure qu'un peintre pour mieux se déguiser, aurait imité la façon de dessiner des enfants. Et ainsi à couvert, de même qu'un faussaire qui écrit de la main gauche, il eût retracé sur les murs, sans être inquiété, la caricature d'un conquérant.

Cela peut tromper des yeux inexercés; mais le caractère des lignes fait que je tiens à mon premier sentiment, n'ayant pas à craindre les querelles archéologiques qui firent reprocher au P. Garucci, lors de la publication de sa première édition, d'avoir attribué à des enfants la plupart des dessins tracés au stylet sur les murs de Pompéi.

Avec les dessins d'enfants, les plus intéressants sont les souvenirs d'amoureux. Depuis l'écorce d'arbre dans laquelle sont creusées de tendres initiales qui de jour en jour s'agrandissent, pendant qu'hélas! au contraire, l'amour va sans cesse diminuant, que de monuments couverts de dates, de souviens-toi, d'entrelacements de chiffres et devises!

Du dessin suivant, tracé sur une muraille de Pompéi, le P. Garucci a dit :

« Psyce dans un cœur dont le sein intérieur est formé par les lignes sinueuses de l'Y. Cet emblème instructif et gracieux se prête à plusieurs commentaires : Psyché est mon cœur. L'expression grecque ψυχή était rendue par les Romains *vita*.

« Quid jurat ornato, ornato procedere. vita, capillo,

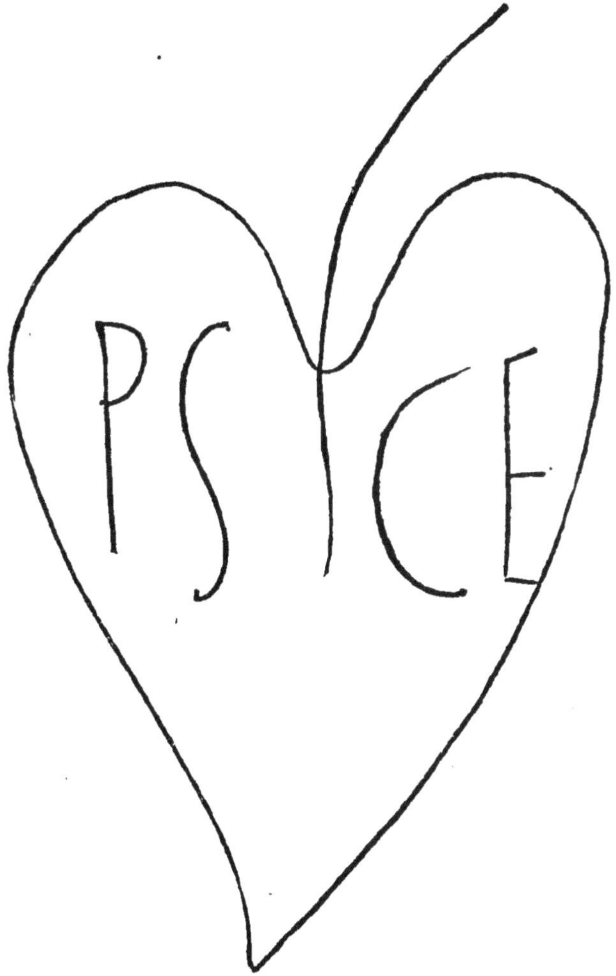

EMBLÈME D'AMOUR

Creusé sur une muraille à Pompéi.

écrit Properce. Tel est ici, à mes yeux, le sens le plus naturel et le plus simple. »

Celui qui aime confie son secret à tout ce qui l'entoure, aux hommes, aux oiseaux, à la brise. Tout l'être est plein d'une telle ivresse qu'elle pousse le jeune homme à crier : « J'aime, je suis aimé! » Les murailles elles-mêmes reçoivent la confidence : « Psyché est mon cœur. »

Je cite ce *graffito* pour donner un à peu près des inscriptions de diverse nature retrouvées sur les murs ; leur caractère naïf a trompé quelques archéologues, et quelquefois des compositions historiques ont été à tort présentées comme des caricatures.

M. E. Breton[1], ainsi qu'un rédacteur du *Magasin pittoresque*, cherchent, dans les lignes du dessin suivant, une idée satyrique, étrangère, selon moi, à la main de l'artiste qui semble avoir jeté là le premier croquis d'une œuvre sérieuse.

[1] *Pompéi*, 1 vol. in-8°. — Déjà M. Breton avait dit par erreur d'une fresque de la *Casa di Castore et Polluce :* « Sur un pilier est une jolie caricature bien conservée représentant un nain faisant danser un singe. » Or Niccolini, dans sa belle publication des *Monuments de Pompéi* (Naples, 1854), nous montre, par un dessin habilement reproduit en couleur, ce même sujet. Rien de plus pur que les formes de l'enfant dans le dessin de Niccolini. Les anciens se plaisaient à reproduire en peinture les jeux de l'enfance. Chacun peut voir dans l'important ouvrage *Pittore Ercolano* (t. I, p. 171) des enfants qui lancent une sorte de toupie, quelques-uns cachés derrière des portes, d'autres qui se couvrent la figure de grands masques. Jeux bruyants, figures charmantes, qui n'ont rien de satyrique.

« Cette caricature, dit le rédacteur du *Magasin pittoresque* (année 1835, p. 334), fait allusion à une querelle des habitants de Pompéi et de ceux de Nucéria, qui eut lieu l'an 59 de J. C., à l'occasion d'une représentation dans l'amphithéâtre. Les Pompéiens furent vainqueurs ; mais Néron les condamna à être entièrement privés de spectacles et de jeux publics pendant dix années : c'était à cette époque une terrible sentence. — La caricature semble l'œuvre de plusieurs Pompéiens. Le gladiateur qui descend dans l'arène, la visière baissée et portant une palme dans sa main droite, est plus habilement dessiné que les deux autres personnages, dont l'un semble entraîner d'une échelle sur un lieu élevé un Nucérien prisonnier. — Il eût été au reste difficile de s'expliquer cette curieuse composition, si l'artiste, ou plutôt si les artistes n'avaient eu la complaisance d'écrire ces mots dans un coin du tableau : *Campani victoria una cum Nucerinis peristis*, c'est-à-dire, si nous comprenons : Campaniens, vous avez péri dans la victoire aussi bien que les Nucériens. »

Ce dessin n'est autre que la première pensée d'une composition de peintre, telle qu'elle s'échappe de sa main rapide. Les lignes rectangulaires sont des jalons, que plus tard l'artiste remplacera par des figures d'un contour moins géométrique. De ces traits, les uns sont secs et roides, d'autres lâches et maladroits ; certains se courbent et semblent à la

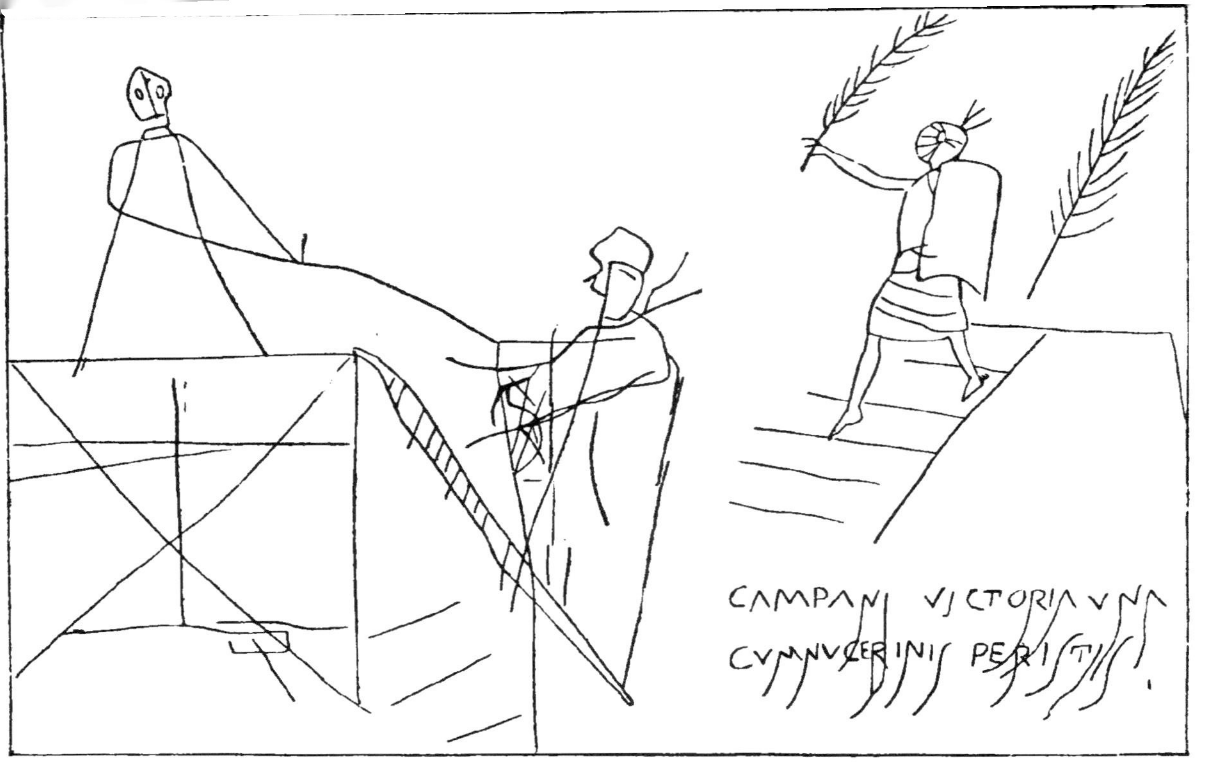

CROQUIS DE PEINTRE

Tracé sur les murs de Pompéi.

recherche du mouvement. Les personnages de gauche sont barbares, celui de droite habilement jeté. Il ne faut s'étonner ni de cette barbarie ni de cette heureuse spontanéité. De Rembrandt à Delacroix qui n'a observé de ces jets bizarres?

Le rédacteur du *Magasin pittoresque* croit que cette « caricature » est l'œuvre de « *plusieurs Pompéiens*, » parce que le personnage à la palme est d'un dessin moins embryonnaire que les figures de la même composition. Dans les projets des plus grands maîtres, on remarque de ces inégalités. Certains mouvements sont rebelles à l'artiste, il ne peut les rendre à l'aide du souvenir, il faudra les étudier d'après le modèle, mais il est important de les indiquer, ne fût-ce que par un point. La mémoire a retenu tel geste plutôt que tel autre, et dans le même dessin, à côté d'un héroïque trait de crayon, il n'est pas rare de trouver le bégayement.

J'ai sous les yeux les premiers croquis qui ont servi au *Triomphe de Trajan* de Delacroix : c'est un assemblage de pauvretés et d'opulences, de guenilles et de riches étoffes, de cherché et de spontané, de pénible et de triomphant, de misère et de génie. Les *hein* du geindre pétrissant la pâte dans une cave, que sont-ils à côté des efforts de l'artiste courbé devant sa table de travail, et qui ne peut réussir à trouver un mouvement? Plus l'artiste est passionné, plus pénibles sont ses efforts, car il les tire de son cerveau, quand tant d'autres trouvent une petite habileté au bout de la main.

Il y aurait beaucoup à dire sur ces croquis qui sont l'embryon pénible d'où s'élancent les grandes œuvres. Les artistes anciens procédaient comme les modernes. Le *graffito* relatif à la querelle des Pompéiens et des Nucériens en est la preuve, et j'appelle à mon aide le P. Garucci qui le tient pour sérieux et non satyrique.

On a trouvé à Pompéi des inscriptions vraiment satyriques, témoin celle-ci inscrite sur le mur d'une boutique, et qui semble une épigramme de Martial :

SVAVIS VINARIA SITIT RoGO VOS VALDE SITIT.

(Suavis la marchande de vin a soif; je vous en prie, qu'elle ait donc bien soif.)

A propos d'un âne faisant aller la roue d'un moulin, le P. Garucci dit :

« Calqué par moi, à Rome, au pied du mont Palatin. On voit un âne tournant la meule, comme le décrit Apulée (*Métam.*, liv. IX) : *Tæniæ sparteæ totus innixus, multivio circuitu intorquens molas, et instabili machinarum vertigine lucubrans pervigilem farinam*[1]. Au-dessus on lit cette jolie inscription en beaux caractères :

[1] Le texte donné par le P. Garucci, d'après Apulée, n'est pas tout à fait exact. Il est écrit au chap. IX des *Métamorphoses :*

« Ibi complurium jumentorum multivii circuitus intorquebant

LABORA ASELLE QVOMODO EGO LABoRAVI, ET PRoDERIT TIBI. »

(Travaille, petit âne, comme j'ai travaillé, et cela te servira.)

Dans ces *graffiti*, pas d'équivoques. Le premier est dirigé contre une cabaretière qui refusait peut-être de donner du vin à des buveurs assoiffés; le second est sans doute le cri sarcastique d'un esclave plein d'amertume.

molas ambage varia. Nec die tantum, verum perpeti etiam noctæ, prorsus instabili machinarum vertigine lucubrabant pervigilem farinam. »

Ce que M. Bétolaud traduit ainsi (tome I, page 284, édition Garnier frères) :

« Là, au moulin, bon nombre de bêtes de somme tournaient incessamment au manége, et faisaient circuler des meules de dimensions différentes. Ce n'était pas seulement le jour, mais encore toute la nuit, qu'elles mettaient en mouvement la machine, produisant par ces élucubrations une farine due à leurs veillées. »

XX

CARICATURE DU CHRIST.

De tous les *graffiti* trouvés jusqu'ici, celui découvert dans un jardin, près du mont Palatin, par l'infatigable chercheur Garucci, est le plus important.

C'est la caricature du Christ représenté avec une tête d'âne.

Grave sujet qui a ému les érudits, les historiens, les natures vraiment chrétiennes jusqu'à ce qu'ait été traduit le mémoire italien par l'abbé André.

Trois choses sont à examiner : le dessin, l'inscription et la portée du *graffito* à l'époque où il fut tracé.

Ce dessin barbare représente un homme en croix, à tête d'animal, en compagnie d'un personnage qui semble lui parler.

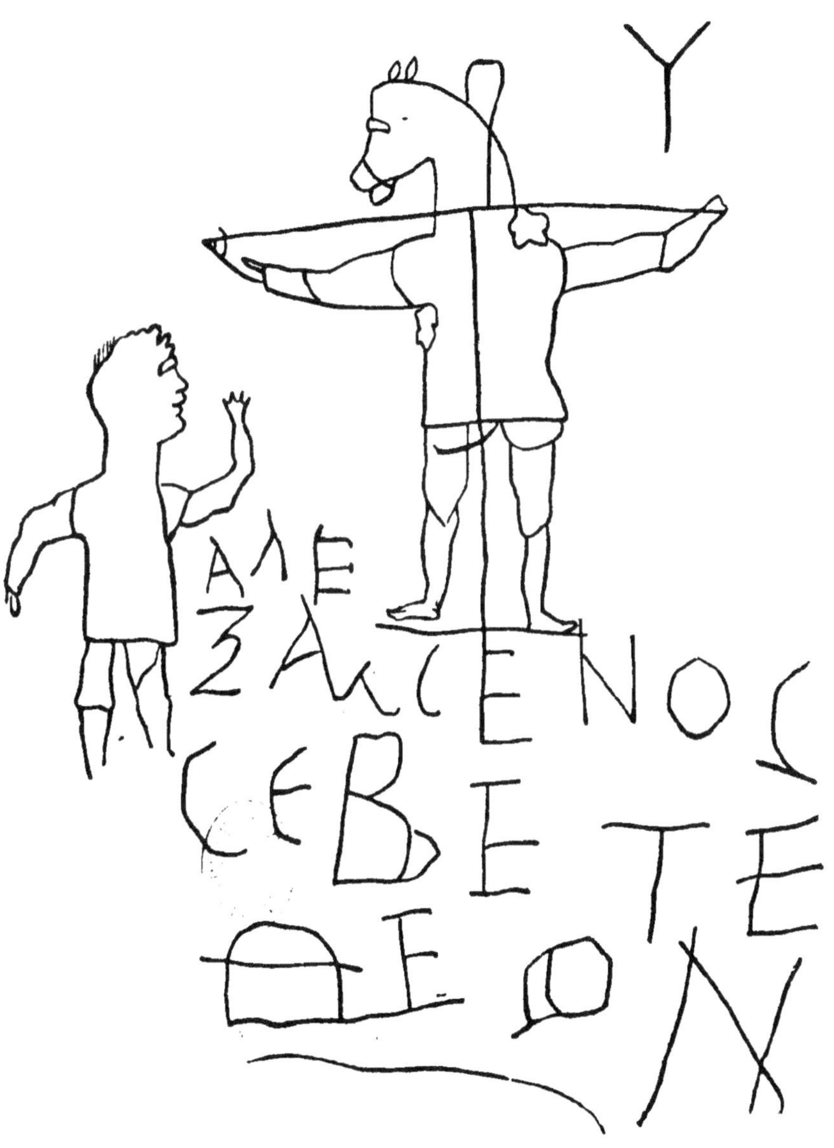

CARICATURE DU CHRIST TROUVÉE SUR UN MUR A ROME.

Dessin réduit au tiers de l'original.

Entre les deux figures s'étage l'inscription suivante :

ΑΛΕΞΑΜΕΝΟΣ CEBETE (TE pour TAI) ΘΕΟΝ. (*Alexamène adore Dieu.*)

Il n'y a pas de doute : un Dieu est en croix. La légende est formelle et le P. Garucci prouve que ce Dieu crucifié ne peut être que le Christ, nul culte de l'antiquité n'ayant représenté un Dieu étendu sur la croix.

« Avant tout il faut remarquer qu'il ne se trouve aucun dieu crucifié dans la multitude infinie des fictions ou des traditions païennes, quoiqu'elles abondent, dans les différents cultes, et surtout dans les contrées de l'Asie, en conceptions monstrueuses. De sorte que la première pensée qui se présente à l'esprit est que cette bizarre fantaisie doit être attribuée à quelque païen qui voulait tourner en moquerie le mystère de la rédemption. C'est bien ce que suggèrent, dès le premier coup d'œil, la croix, celui qui y est attaché, et l'inscription dans laquelle il est dit qu'*Alexamène adore Dieu.* Nous pouvons donc penser, jusqu'à preuve du contraire, ajoute le P. Garucci, que nous avons découvert une *parodie du culte chrétien.* »

L'idée reçue chez les païens était que les Juifs adoraient une tête d'âne. Tertullien et Minucius Felix en parlent à diverses reprises.

« Vous avez rêvé, dit Tertullien (*Apol.*), que la tête d'un âne était notre Dieu[1]. »

Minucius Felix est non moins explicite. Lucilius à Octavius : « J'entends dire que les chrétiens, par je ne sais quelle inepte croyance, adorent la tête d'un honteux animal, d'un âne.

— Tu dis, lui répond le chrétien Octavius, que l'on t'a appris que la tête d'un âne est une chose sacrée pour nous[2]. »

Tertullien, cherchant d'où partait cette calomnie, la trouve dans un passage de Tacite : « Rien ne fatiguait plus les Juifs que le manque d'eau; et déjà ils étaient couchés par terre dans tout le camp, très-près de rendre le dernier soupir, lorsqu'un troupeau d'ânes sauvages s'élança, en venant de se repaître, vers des rochers couverts de forêts. Moïse les ayant suivis, conjecturant un sol verdoyant, découvrit de larges sources d'eau... C'est l'effigie de cet animal, qui leur avait découvert la source et satisfait leur soif, qu'ils consacrèrent dans le lieu secret de leur temple, en sacrifiant un bélier, comme pour insulter au dieu *Ammon*. »

Plutarque et Démocrite l'historien ont répété la même fable et le P. Garucci a relevé les textes

[1] Somniastis caput asininum esse Deum nostrum. (Tertullien, *Apol.*)

[2] Audio eos (christianos) turpissimæ pecudis caput asini consecratum inepta nescio qua persuasione venerari. — Audire te dicis caput asini rem nobis esse divinam. (Minucius Felix, *Octavius*.)

nombreux qui témoignent combien les anciens croyaient à une tête d'âne ajustée à un corps d'homme.

« On voit dès lors quel sens caché peut avoir la monstrueuse image, qui mêle au culte du crucifix cette fable d'une tête d'âne sauvage, *caput asini agrestis*, comme divinité des Juifs. Nous savons en outre que les Gnostiques, en racontant cette fable, disaient que le dieu des Juifs, le *Sabaoth*, était, non pas une tête d'âne, mais une forme humaine terminée par une tête d'âne : Ἄνθρωπον ἑστῶτα ὄνου μορφὴν ἔχοντα. Soit pour cette raison, soit pour celle que j'ai donnée plus haut, laquelle, dit le P. Garucci, me paraît adéquate et suffisante, je suis convaincu que la parodie du païen mauvais plaisant s'explique fort bien en admettant qu'il voulût tourner en dérision l'adoration d'un Dieu crucifié, sans oublier l'impudente calomnie de la tête d'âne sauvage qu'il appliquait au culte des chrétiens. »

Les païens n'ignoraient pas que les chrétiens adoraient un Dieu crucifié, et ils en prenaient prétexte pour faire de ce Dieu un homme, de cet homme un vil malfaiteur. A quoi Octavius répondait que leurs ennemis « étaient bien loin de la vérité, s'ils croyaient que les chrétiens pouvaient rendre le culte suprême, soit à un malfaiteur, soit à un homme comme un autre [1]. »

[1] Il faudrait reproduire toute la notice du P. Garucci. J'aurais

Suivant des inductions archéologiques et paléographiques, le savant jésuite fait dater cette caricature du troisième siècle de l'Église, et on ne saurait trop louer l'auteur d'une si importante découverte de la modération qu'il a montrée dans un tel sujet. La part étant faite à l'archéologue, quel vaste champ ne restait-il pas au prêtre pour s'escrimer contre les païens qui traçaient une telle image sur les murs?

Il en est des véritables prêtres comme des grands médecins : toute blessure physique ou morale, ils l'étudient froidement. Ce sont les petits esprits qui se gendarment contre la négation, sans laquelle l'affirmation ne saurait se montrer rayonnante.

La caricature est quelquefois le noir du blanc, la nuit du jour, l'envers de l'endroit, le non du oui.

Ceux-là qui nient Dieu prouvent que ceux-ci croient en Dieu.

Signe de faiblesse que d'être blessé de la négation. La contradiction est nécessaire qui fait contre-poids à la vanité humaine. Et voilà pourquoi, malgré mon admiration pour les grandes figures, je recherche curieusement les traces de cette caricature, dure, injuste, cruelle, aiguillonnante, qui forme un des côtés du piédestal du génie.

puisé plus de preuves à la source italienne si chacun ne pouvait consulter l'exacte traduction donnée par l'abbé André dans les *Annales de Philosophie chrétienne*, numéro de février 1857.

Certains, cachant leur timidité d'esprit sous de vagues aspirations à l'idéal, s'irritent contre les réalités grimaçantes de la satyre. Ils voient dans le rire moderne une atteinte à toute noblesse, comme si les anciens avaient échappé à ces contradictions. Cicéron disait qu'Homère lui-même avait rapetissé les dieux. A propos de l'*Amphitryon*, Plaute fut fortement critiqué d'avoir compromis la majesté des dieux par une action comique où se jouaient des scènes bouffonnes et triviales[1].

Un poëte, dans un fragment ayant pour titre *le Respect considéré comme élément d'inspiration*[2], maudit Aristophane, dont les satyres ont contribué à la mort de Socrate. A entendre M. de Laprade, Jeanne d'Arc a été souillée à jamais par Voltaire.

Chaque grand homme n'est reconnu vraiment grand que par l'injustice de ses contemporains.

Aristophane n'a pas versé la ciguë à Socrate. Socrate était condamné d'avance par son génie. Aristophane n'eût pas existé que Socrate eût été condamné par ses concitoyens.

Qu'importe la fin? Sans le crucifiement, le Christ ne serait pas le Christ.

Tout supplice injuste se change en triomphe dans

[1] On accusait surtout Plaute d'avoir suivi les errements du poëte Rinton, de Tarente, créateur de l'hilaro-tragédie, qui prit son nom et fut appelée rintonique.

[2] De Laprade, *Questions d'art et de morale*. Didier, 1 vol. in-8°.

l'avenir. Le rocher de Sainte-Hélène est plus glorieux que la pourpre du couronnement.

En quoi Voltaire a-t-il souillé la chaste figure de Jeanne d'Arc? Qui lit *la Pucelle* aujourd'hui? Et chaque jour ne recueille-t-on pas pieusement les moindres parchemins relatifs à Jeanne d'Arc?

« Si l'ironie disparaissait du monde, elle emporterait le dernier asile, que dis-je? la dernière dignité du faible et de l'opprimé. L'indomptable et insaisissable ironie, qui enveloppe et dissout peu à peu les dominations les plus superbes, a souvent servi les meilleures causes qu'on puisse défendre en ce monde, et l'on a vu des temps malheureux où le sourire d'un honnête homme était la seule voix laissée à la conscience publique[1]. »

Voilà qui est mieux parlé.

Enthousiasme est la face de la médaille au revers de laquelle est gravée : Ironie.

Mais certains hommes n'admettent le revers qu'au jour où, blessés, après avoir exigé pour leurs œuvres une sorte de respect olympien, ils descendent eux-mêmes dans l'arène de la satyre.

S'il faut en croire un artiste moderne qui avait sollicité d'un grand poëte la permission de faire sa caricature, celui-ci aurait répondu :

« Qu'on ne comprenait pas qu'il vînt à l'esprit

[1] Prévost-Paradol, *Nouveaux essais de politique et de littérature*. Michel Lévy, 1862, 1 vol. in-8°.

d'un homme *sainement* organisé la pensée de défigurer son semblable ; que, ce faisant, *c'était insulter la Divinité, Dieu ayant fait l'homme à son image;* mais... que pourtant le dessinateur pouvait agir à son égard comme bon lui semblerait.

« Sa physionomie, ajoutait le poëte, *appartenait au ruisseau comme au soleil.* »

Le caricaturiste, qui, d'après les lois actuelles, était obligé de demander à un poëte la permission de faire grimacer ses traits, avait peut-être un médiocre talent satyrique. Le poëte était certainement reconnu poëte par ses contemporains, malgré le vague de ses aspirations. Il se donnait au public ; le public avait le droit de faire connaître ses sentiments, et, quoiqu'il s'attaquât au poëte-soleil, je donne raison au caricaturiste-ruisseau.

Parmi les monuments précieux de la collection Campana, on remarque un buste double, dont les deux têtes accolées sont taillées dans un même bloc de marbre. Ce sont les masques de Sophocle et d'Aristophane que l'antiquité a réunis ensemble à jamais.

Par là, les anciens ont montré leur admiration pour le génie grave et le satyrique.

Honorons nos Sophocle ; gardons-nous de bâillonner nos Aristophane.

XXI

CARICATURES GAULOISES.

On découvrit, il y a quelques années, aux environs de Moulins, un atelier de céramique gauloise. Sous les riches pâturages où paissent en paix les bœufs, étaient enfouis des fours, et, non loin de ces fours, des statuettes, des figures et des bustes en abondance. C'était une précieuse découverte, car il ne s'agissait plus de tessons de verres, de briques isolées, de monuments douteux sur lesquels les archéologues de province exercent trop volontiers leur imagination.

Instruments à l'usage des potiers, moules, pièces signées, témoignaient de l'importance de la fabrication de ces monuments qu'un homme intelligent,

M. Edmond Tudot, recueillit et groupa au musée de Moulins.

Alors l'art gaulois put être étudié sous différentes formes, un art barbare qui, à travers ses bégayements massifs, offre pourtant un ressouvenir des figures antiques.

Au milieu des moules grossiers, des Vénus, des Minerve, des déesses de la génération, des édicules au fond desquels sont posés les dieux d'argile, on remarque des figurines de singes que l'intelligent érudit Tudot n'hésita pas à donner comme des caricatures.

« C'est surtout dans les caricatures que se révèle le sentiment du pittoresque des céramistes gaulois ; ce sont principalement des singes qu'ils mettent en action. Les singes étaient, aux yeux des Gaulois, l'emblème de la laideur; or, sous cette forme, l'imitation la plus simple d'un individu suffisait pour le ridiculiser, et on ne saurait refuser aux artistes Gaulois d'avoir fait preuve, dans ces images satyriques, de beaucoup d'habileté et d'esprit [1]. »

Montés sur des piédouches grossiers, ces singes sont habituellement assis, les bras croisés, ou les pattes sur les genoux avec la gravité d'un per-

[1] *Collection de figurines en argile, œuvres premières de l'art gaulois*, recueillies et dessinées par Edmond Tudot. Paris, Rollin, 1 vol. in-4°, 1860.

sonnage qui pose, ou se cachant la figure avec leurs pattes.

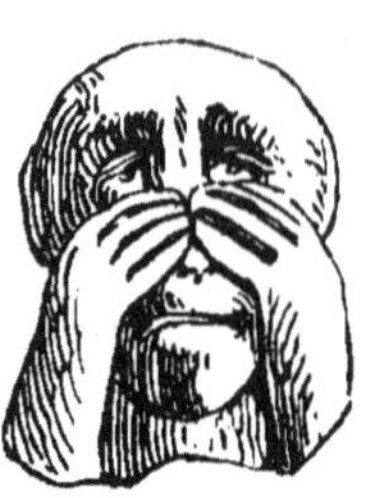

Et d'abord, avant de savoir si les singes gaulois appartiennent à la caricature, je cherche pourquoi ces animaux furent représentés si pleins de calme quand leurs membres agiles sont d'habitude à la recherche de quelque objet qui attire leur curiosité ou leur gourmandise.

Les bras appliqués le long du corps, ils semblent des êtres réfléchis, des penseurs, des êtres qui creusent un problème, ce qui va contre la nature simiesque. Ces animaux, agités dans la vie, la sculpture gauloise en a fait des bêtes presque timides, embarrassées de leurs bras, n'en sachant que faire.

L'immobilité est un des signes de l'art barbare. Toute sculpture d'un peuple dont la civilisation est dans les langes, de quelque partie du globe qu'elle vienne, offre des exemples de la même simplicité de lignes et d'une égale torpeur dans les mouvements.

On voit rarement sur des sculptures primitives,

des membres alertes, des jambes actives, des bras écartés du corps. Brandir la lance, courir, lancer des javelots, lutter, sont des actes mouvementés que l'art n'arrive à traduire qu'en pleine possession de ses moyens.

Qu'on montre une figurine gauloise à un ouvrier mouleur et il en donnera immédiatement l'explication.

Les moules de figures gallo-romaines de singes trouvés dans l'Allier témoignent que ces argiles n'étaient pas modelées à un seul exemplaire.

Or, tout étant primitif chez ces peuples, le moule était primitif et, par cette pauvreté d'exécution, l'animal était condamné à une certaine immobilité. Deux pièces (et le procédé était déjà compliqué) suffisaient : une pour la face de devant, l'autre pour celle de derrière.

Dés bras et des jambes en action eussent exigé au moulage de nombreuses pièces d'un raccord difficile. Une statuette représentant un homme qui court demande plus de cinquante pièces qui s'adaptent les unes aux autres, et il ne fallait pas que les figurines de singes offrissent de ces *repères* qui constituent l'art des mouleurs modernes : d'où la tranquillité forcée de la plupart des figurines gauloises, femmes, hommes, dieux et animaux[1].

[1] On pourra m'objecter certaines figures du musée de Moulins dont les bras, montés à part, s'ajustaient au corps après coup ; mais

« Que ferais-je des bras du singe? » se demandait le céramiste gaulois.

Il les croisait. Quand il était fatigué de croiser les bras des singes, il s'appliquait à combiner des mouvements simples qui n'allassent point contre les lois de ses moules naïfs. Tant bien que mal, l'ouvrier ajustait un des bras du singe sur le cœur comme un orateur parlant à la Chambre de « son pays; » ou il appuyait le menton du singe dans le creux de sa patte en faisant un philosophe grave; ou, la main sur les yeux, il donnait l'image d'un prédicateur qui se recueille.

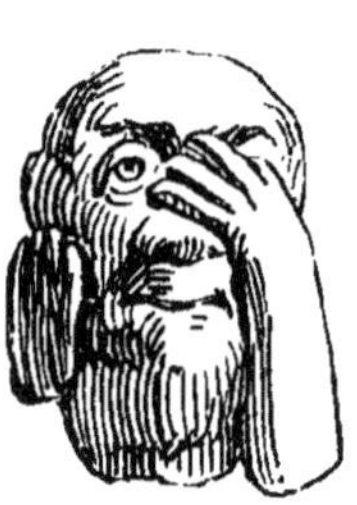

Et déjà ce singe qui se recueille offrait, rien que par ce renversement de sa nature, quelque chose de plaisant, si toutefois le comique fut poursuivi par le modeleur.

ces figures sont très-rares. M. Tudot n'en donne qu'une seule reproduction dans un album de soixante-treize planches, et cette exception même, appliquée à une déesse, donne à croire qu'un céramiste chercha à trouver un moyen extraordinaire pour tirer une figure consacrée de ce moule à deux pièces.

Entre autres figurines trouvées dans les tombeaux gallo-romains, on remarque des colombes, des lions, des chevaux, des chiens, des coqs, des sauterelles, des rats qui, grâce à des circonstances accidentelles, prirent place au rang des dieux : ainsi un loup, ayant sauté à la gorge d'un voleur qui voulait s'emparer des trésors du temple d'Éphèse, fut fondu en or et placé dès lors dans le monument comme une divinité protectrice.

Ne se peut-il que le singe, par un événement particulier, ait participé aux honneurs rendus aux animaux par les Romains et les Gaulois ? Faut-il voir dans le masque du singe et dans sa parenté avec l'homme une cause d'exclusion d'un Panthéon ouvert à presque toute l'échelle des êtres?

Question que je m'adresse sans pouvoir la résoudre.

Un autre fait curieux est l'analogie entre les figurines gauloises de singes et celles des mêmes animaux, dues sans doute aux sculpteurs Corinthiens.

On voit au musée du Louvre, dans les galeries Campana, une vitrine consacrée à la représentation des animaux. Au milieu de la gravité de ces bêtes éclate la malice simiesque.

Les uns portent leurs petits sur les bras ; d'autres font un abat-jour de leurs pattes et il est à remarquer que la plupart de ces figurines sont *mouchetées*, signe d'antiquité absolue, les céramistes primitifs s'étant naïvement imaginés que ce mouchetage rendait à merveille le pelage ou les plumes des animaux.

Ces animaux, qu'on suppose de fabrication corinthienne, semblent les modèles dont se sont inspirés les céramistes gaulois ; il ne serait pas impossible qu'ils aient connu des monuments qui, de la Grèce passés chez les Romains, et conservés comme objets de curiosité, inspirèrent peut-être par leurs lignes calmes les artistes italiens, quoique la décadence de l'art ne s'accommodât pas de la rigidité barbare de monuments primitifs.

Une figurine de singe, la plus curieuse de celles qu'il m'a été donné d'examiner attentivement, faisait partie du cabinet de M. Eugène Piot, avant sa dispersion aux enchères de 1864. L'animal accroupi appuie assez fortement une patte sur son ventre et de l'autre se bouche les narines.

Cette figurine, digne de servir de frontispice à un ouvrage sur la stercologie, fait penser à l'*Apokolokynthose*, ou apothéose burlesque du César Claude par Sénèque, qui dit : « Après un son plus bruyant émis par l'organe dont il parlait avec le moins de peine... » On pourrait encore, pour l'explication du geste de ce singe, renvoyer au chapitre *De la force de l'imagination*, de Montaigne (liv. I, chap. xx), qui, rendant compte des singulières « dilatations et compressions des outils qui servent à descharger le

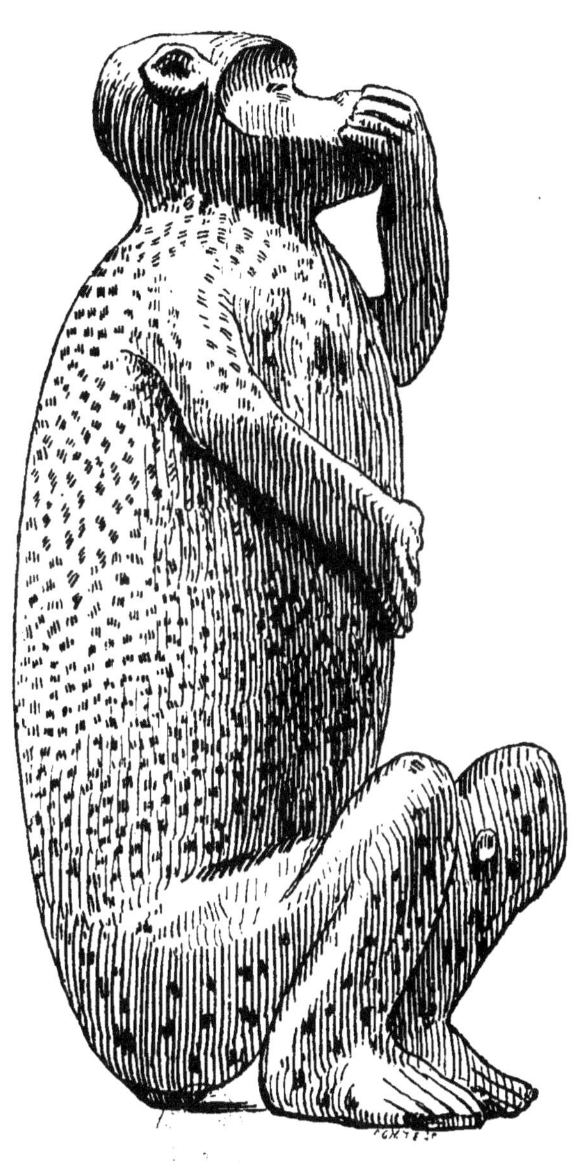

SINGE EN TERRE CUITE D'ATTRIBUTION CORINTHIENNE

Dessin de la grandeur du modèle.

ventre, » cite un passage de Suétone relatif au bizarre édit qu'avait rendu l'empereur Claude : « *Dicitur etiam meditatus Edictum quo veniam daret flatum crepitumque ventris in convivio emittendi*, » édit dont se préoccupent médiocrement les animaux et le singe en question.

Me trompé-je dans mes conjectures? Je suis tout prêt à l'avouer, l'application presque constante des pattes sur le masque des singes se remarquant dans la plupart de ces figurines.

Comme aussi, maintenant que j'ai analysé et comparé les statuettes corinthiennes et gauloises, il m'est indifférent qu'elles appartiennent à l'art satyrique ou représentent des choses graves dont le sens nous échappe.

Tout ce que je sais, c'est que je ne sais rien pourrait servir d'épigraphe aux ouvrages d'érudition. A peine cinquante ans ont passé, déjà mille détails nous sont inconnus qui étaient familiers à nos grand'mères ; que sera-ce quand il s'agit d'étudier les mœurs et les monuments des Gallo-Romains? Et quelle seconde vue, quelle science inductive, quelle érudition, quel scepticisme, quels soubresauts d'intelligence, quelle agilité dans les idées sont indispensables pour laisser de côté l'opinion d'hier, accepter celle d'aujourd'hui et flairer celle que les découvertes de demain apporteront!

Il est pourtant de ces figurines trouvées dans

divers pays, à Lyon, en Auvergne, en Bourgogne et dans l'Allier, qui semblent offrir un rapport plus direct avec la satyre.

Encapuchonné et couvert d'un camail dont les sculpteurs du moyen âge affublaient les figures de moines des cathédrales, ce singe semble la caricature de quelque personnage dont il a emprunté le vêtement; et cet encapuchonnement, on le retrouve surtout au musée de Moulins, affecté particulièrement à un dieu malicieux qui demande quelques pages.

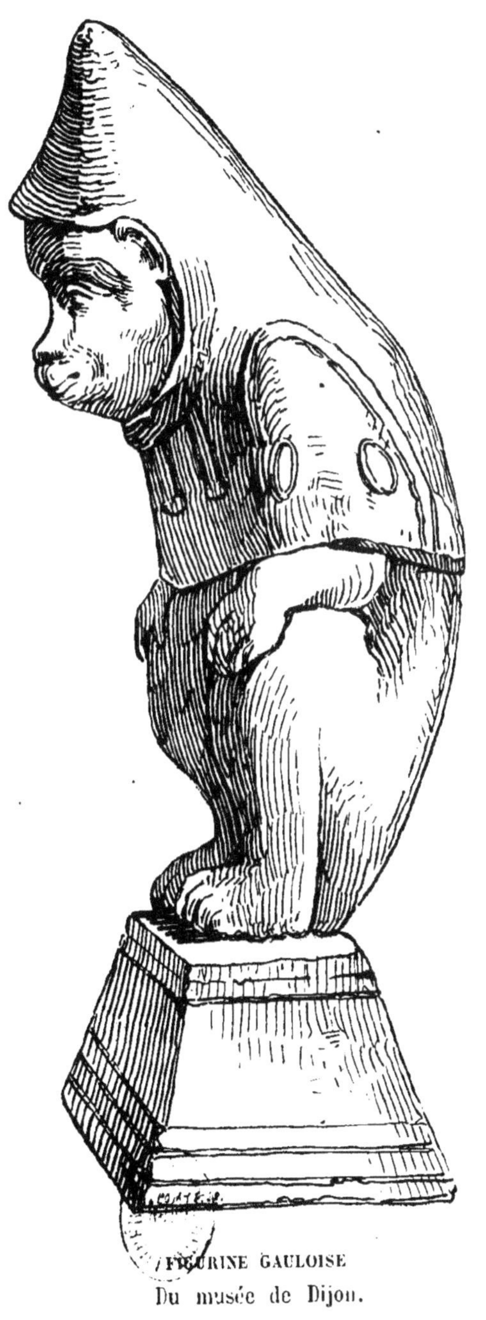

FIGURINE GAULOISE
Du musée de Dijon.

XXII

LE DIEU RISUS.

Parmi les nombreuses sculptures gauloises en argile trouvées en différents endroits de la France, on remarque des figures épanouies et souriantes, représentées en buste et dont la bonne humeur constitue le principal point de ressemblance ; car, du côté de l'ajustement ainsi que de la chevelure, se remarquent des variantes très-singulières : tantôt le crâne est nu comme un ver, tantôt il est orné d'une chevelure olympienne qui ressemble à la perruque du grand siècle ; d'autres têtes encapuchonnées font penser à ces gais enfants de chœur gardant avec peine aux offices la gravité sous leur camail et qui, à peine retirés dans la sacristie, oublient l'église pour devenir de francs espiègles.

Le premier potier qui modela la joyeuse figure du dieu *Risus* crut ne pouvoir mieux exprimer la gaieté que par la figure d'un jeune garçon, alors que ni la maladie, ni les soucis des affaires, ni l'ambition n'ont défloré ces jolies bouches roses sur lesquelles seules peut s'étaler un franc rire.

Suivant M. Tudot, ces bustes ne sont autres que ceux du dieu *Risus;* l'archéologue, trop tôt enlevé à la science, voyait dans ces figures « une allégorie provoquant l'hilarité et répondant très-bien à l'esprit fin et railleur des Gaulois. »

On remarque au musée de Moulins deux de ces bustes, l'un trouvé à Vichy, l'autre à Néris. Le corps de la figure trouvée à Vichy est recouvert d'une draperie de couleur brune, et un filet tracé au pinceau règne tout autour du dé de la base, « enluminures qui caractérisent un atelier céramique de Vichy, » dit M. Tudot. Et en effet, de nombreuses figurines et coupes d'argile trouvées dans le pays démontrent que déjà les anciens avaient adopté ces eaux thermales d'un effet si puissant.

Les malades rappelés à la santé consacrèrent sans doute le souvenir de leur heureuse guérison par un hommage au dieu Risus, qu'à Vichy plus qu'ailleurs on est tenté d'invoquer. Les anciens connaissaient mieux que nous la vertu des eaux : ce ne sont pas les modernes seulement qui souffrent de l'ictère, du foie, des reins, des calculs biliaires, des gastralgies, de la goutte. Or, une partie de ces maladies, Vichy les guérit ; et quelle joie de la part des malades qui s'en reviennent les uns avec un vif appétit, les autres nettoyés de cette bile qui fait voir si triste l'humanité, ceux-ci sans trace des pierres qui obstruaient leurs organes !

Là plus qu'ailleurs on comprend qu'on ait honoré le dieu Risus, des malades guéris venant tous les ans faire un pèlerinage à Vichy en mémoire des cures merveilleuses obtenues par les eaux du pays.

Sans doute on a trouvé ailleurs des figurines du dieu Risus[1] : dans le Lyonnais fut déterré le moule d'un buste semblable à ceux de Vichy, moule signé QVINTILIVS. Mais chez les Grecs, les Romains et les Gaulois, un commerce semblable à celui de nos jours se faisait des figurines en terre cuite. Les marchands traversaient des pays éloignés pour y porter les arts plastiques des différents peuples, comme les Italiens transportent sur tous les points de la France les plâtres vulgaires.

A supposer que les ateliers céramiques de Moulins n'aient pas fourni de modèles du dieu Risus, des colporteurs se rendaient à Vichy à la saison des

[1] Au champ Lary, près de Moulins, un moule du dieu Risus, portant sur le piédouche le sigle de STABILIS, sortit de terre ; et si un buste du dieu Risus fut découvert en Bourgogne, on trouva également aux portes de Moulins, à Saint-Bonnet, un moule d'une figurine du même dieu.

eaux, certains d'y placer ce dieu de bonne humeur, qui correspondait aux sentiments des malades guéris.

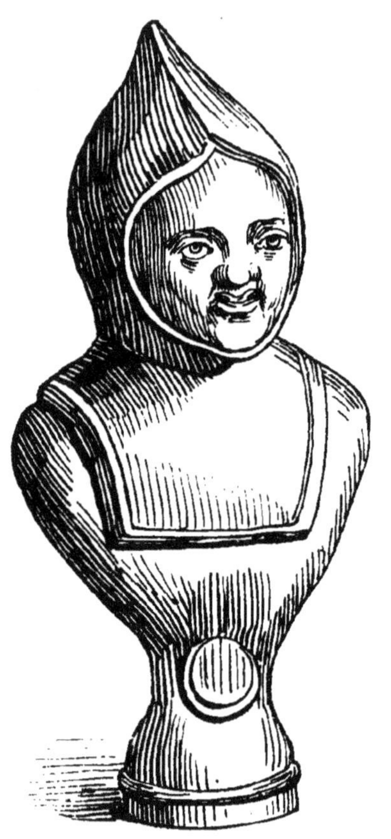

BUSTE DU DIEU RISUS
Découvert en Bourgogne.

XXIII

DU RIRE.

Quoiqu'on ait eu pour but de reproduire dans ce volume les monuments relatifs au comique, en les dépouillant des commentaires qui quelquefois en obscurcissent le sens, il est cependant nécessaire, laissant de côté la cause pour arriver à l'effet, de faire connaître certaines idées des anciens relatives au rire, question que les philosophes et les rhéteurs ne jugèrent pas indigne de leurs préoccupations.

Aristote voyait dans le risible une espèce du laid ou de l'incorrect (αἰσχροῦ). « C'est, dit-il dans la *Poétique*, une faute ou une incorrection qui n'est ni douloureuse ni destructive (ἀνώδυνον καὶ οὐ φθαρτικόν) : tel est, par exemple, un visage laid et contourné, mais sans souffrance. »

A leur tour les modernes s'emparèrent de la même thèse, et la développèrent à tel point qu'on pourrait former une bibliothèque spéciale d'ouvrages concernant le rire, depuis la Renaissance jusqu'à nos jours, bibliothèque composée de physiologistes, de philosophes, d'esthéticiens hollandais, allemands, anglais et français.

Un homme, arrêté devant un bouffon des rues ou une caricature, rit sans s'en inquiéter davantage; arrive le philosophe qui lui demande : « Pourquoi ris-tu? Comment ris-tu? »

L'homme n'en sait rien; cependant, pressé de questions, il avouera qu'il rit parce qu'il s'amuse. Mais le philosophe : « Pourquoi t'amuses-tu? »

Telle est la base de nombreux volumes qu'on ne saurait passer sous silence dans une histoire de la caricature.

L'opinion d'Aristote sur le risible fut acceptée par nombre d'écrivains modernes, et entre autres par le philosophe écossais, Dugald Stewart : « Les causes du rire, dit-il, sont proprement et naturellement ces légères imperfections dans le caractère et les manières, qui ne soulèvent point l'indignation morale et ne jettent point l'âme humaine dans cette mélancolie qu'inspire la dépravation. »

Descartes attribuait les causes du rire à de petits malheurs ou plutôt à de légers accidents; et il dit dans son livre *des Passions :*

« La dérision ou moquerie est une espèce de joie mêlée de haine, qui vient de ce qu'on aperçoit quelque petit mal en une personne qu'on en pense être digne : on a de la haine pour ce mal, on a de la joie de le voir en celui qui en est digne ; et lorsque cela survient inopinément, la surprise de l'admiration est cause qu'on s'éclate de rire, suivant ce qui a été dit ci-dessus de la nature du ris. Mais ce mal doit être petit ; car, s'il est grand, on ne peut croire que celui qui l'a en soit digne, si ce n'est qu'on soit de fort mauvais naturel, ou qu'on lui porte beaucoup de haine. »

Tout le dix-huitième siècle vit dans les causes du rire une sorte de contraste, un manque d'harmonie : l'abbé Batteux, Gérard, lord Kames, Beattie, Mendelssohn, Eschemburg, Eberhard, Floegel[1].

Jean-Paul Richter pourtant n'était pas du même avis : et Jean-Paul est un de ces génies bizarres qui, malgré leurs ombres, jettent quelquefois de vives lumières dans les questions.

« Le rapprochement des choses les plus dissemblables ne fait pas toujours rire : quels sont en effet les rapprochements de choses hétérogènes qui ne puissent se rencontrer sous le ciel de la mort : taches nébuleuses, bonnets de nuits, voie lactée, lanternes d'écuries, veilleurs, voleurs, etc. ? Que dis-je ? chaque

[1] Voir Léon Dumont, *des Causes du rire*. Durand, 1862.

seconde de l'univers n'est-elle pas remplie du mélange des choses les plus hautes et les plus basses, et quand pourrait cesser ce rire, si ce seul mélange suffisait pour le produire? C'est pour cela que les contrastes de la comparaison ne sont pas risibles par eux-mêmes; ils peuvent même souvent être très-sérieux, quand je dis, par exemple, que, devant Dieu, le globe de la terre n'est qu'une pelote de neige, et que la roue du temps est le rouet de l'éternité. »

Ainsi parle Jean-Paul dans sa *Poétique ou Introduction à l'Esthétique*[1]. Ces réflexions d'un humoriste qui a approfondi par lui-même la nature du comique valent bien les définitions des philosophes et des rhéteurs. Aussi, en Allemagne et en Angleterre, est-ce un titre que celui d'humoriste; et en effet, de ce qu'il présente les faits sous un aspect imprévu, saisissant et capricieux, s'ensuit-il de là qu'il ait moins raison que l'être gourmé, le pédant, le doctrinaire et la race de gens *sérieux*, auxquels le caprice fait trop souvent défaut?

Cette absence d'humour si regrettable, on la remarque surtout chez les philosophes et les esthéticiens : ils arrivent à la gravité des bœufs dont, sans s'en douter, ils ont la lourdeur.

Solger a dit : « Le comique est l'idée du beau qui

[1] Traduite par Alex. Büchner et Léon Dumont. Durand, 1863, 2 vol.

s'égare dans les relations et les accidents de la vie ordinaire. »

Arnold Ruge, non moins sérieux, fait du comique « la laideur vaincue, la délivrance de l'absolu captif dans le fini, la beauté renaissant de sa propre négation. »

Encore plus grave Vischer, qui voit dans le comique « l'idée sortie de sa sphère et confinée dans les limites de la réalité, de telle sorte que la réalité paraisse supérieure à l'idée. »

On dirait un concile de Trente dissertant sur le rire.

« C'est une réalité sans idées ou contraire aux idées, » dit Carrière.

Schelling, Schlegel, Ast, Hegel s'entendent pour faire du comique « la négation de la vie infinie; la subjectivité qui se met en contradiction avec elle-même et avec l'objet, et qui manifeste ainsi au plus haut degré ses facultés infinies de détermination et de libre arbitre. »

D'autres Allemands sont plus concis, mais non moins apocalyptiques, témoin Kant, qui définit le sentiment du risible : « *la résolution soudaine d'une attente en rien.* »

« Oh! dirait M. Jourdain, ce comique-là ne me revient point. Apprenons autre chose qui soit plus joli. »

J'imagine un caricaturiste curieux, de ceux qui

aiment à s'instruire sur les détails de leur art, et qui tombe sur le passage suivant de Zeising : « Le comique est un *rien* sous la forme d'un objet pris en contradiction avec lui-même et avec l'intention, vivante en nous, de la perfection : en d'autres termes, avec l'idée ou l'esprit absolu. »

Si l'artiste est un peu naïf, il s'écriera avec le *Bourgeois gentilhomme* :

« Ah ! que n'ai-je étudié plus tôt, pour savoir tout cela ! »

Terribles Allemands avec leurs définitions! Il faut voir le rôle qu'un panthéiste, Stephan Schütze, fait jouer à la Nature dans la question du comique :

« Le comique est une perception ou une représentation qui éveille le sentiment vague que la nature se joue de l'homme, quand celui-ci croit agir en toute liberté; son indépendance restreinte est alors tournée en dérision par rapport à une liberté supérieure : le rire exprime la joie que cause cette découverte. »

Après la Nature faisant ses farces et se moquant de l'homme, celui qui s'imaginerait qu'il n'y a plus rien à dire compterait sans les disciples de Hegel. Suivant Zeising, Dieu est une sorte de Roger Bontemps qui communique sa gaieté à toute l'échelle des êtres. La plante rit, le crapaud rit, le grillon rit, le serpent à sonnettes lui-même éclate de rire en avalant l'homme, et l'homme, en entrant dans le gosier de l'animal, rit à se tordre. Le ruisseau ne coule pas, il rit. Gens bornés que ceux qui croient que le vent souffle, il rit. La pluie est un rire poussé jusqu'aux larmes ; la douleur elle-même n'est qu'un rire déguisé. Les poissons passent leur temps à rire, et le vent, avec ses facéties grotesques, communique sa gaieté aux rochers eux-mêmes.

En voyant le rire-bâillement de l'huître, la joie des pierres et le sourire clignotant des étoiles, Dieu lui-même en arrive à des hilarités excessives. J'analyse Zeising, j'ai tort ; il faut le citer :

« L'univers est le rire de Dieu, et le rire est l'univers de celui qui rit. Celui qui rit s'élève jusqu'à Dieu, devient créateur en partie d'une création gaie, etc. »

Heureux hégéliens de puiser de telles fantaisies dans les doctrines de leur maître. Lucien, Rabelais, Swift n'ont pas eu le bonheur de connaître les doctrines de Hegel ; ils auraient enrichi leurs ouvrages de chapitres plaisants sur le *rire céleste*.

Il a manqué aussi le rire céleste à ce réformateur du seizième siècle qui, après de vifs efforts pour arriver à une classification du rire, trouva les quinze divisions suivantes :

« 1° Ris modeste ;

« 2° Ris *cachin*, qui est immodeste, débordé, insolant et qui romt les forces ;

« 3° Ris *synchrousien*, nom qui lui vient du grec, de ce qu'il crole et ébranle fort;

« 4° Ris *sardonien*, qui est manteur, simulé et traître, plein d'amertume et mal talent;

« 5° Ris d'*hôtelier;*

« 6° Ris *canin*, lequel procède d'un mauvais courage et de malice couverte;

« 7° Ris *ajacin*, quand on rit de rage et felonie;

« 8° Ris *megarie*, quand on rit marry antièremant;

« 9° Ris *soubris;*

« 10° Ris *catonien*, lequel est fort débordé et ébranlant;

« 11° Ris *ionique*, propre aus mous, délicas et adonnés à leurs plaisirs;

« 12° Ris *chien*, ainsi nommé de Chio, île de grand délices;

« 13° Ris *agriogele*, qui est du jaseur et du bavard;

« 14° Ris *torybode*, lequel est tumultueux et point légitime;

« 15° Ris *inepte*[1]. »

Et on comprend que le même Joubert ait ajouté à la suite de sa nomenclature : « Je panse qu'il y a plusieurs autres nuncupations et épithètes du ris, que je lairray chercher aus curieus et de plus grand loisir. »

Quinze catégories de rire, c'est peu quand on

[1] Laurent Joubert, *Traité du Ris, contenant son essence, ses causes et merveilleux effets.* Paris, 1579, in-8°.

songe qu'un écrivain moderne a trouvé *quarante-sept* formules de comique, c'est-à-dire quarante-sept moules (pourquoi pas cinquante?) pour couler des situations au moyen desquelles l'auteur dramatique est certain de divertir le public. Or, quarante-sept formules certaines étant trouvées, il s'ensuit qu'il en résultera plus de quinze natures de rires différents.

En 1769, un écrivain anonyme mit au jour un opuscule dans lequel il divise le rire en quatorze classes : ris *forcé*, *hypocrite*, *protecteur*, *stupide*, *gracieux*, *inextinguible*, etc.

Mais ces différents rires, ajoutés à ceux de Joubert, ne répondent pas encore aux quarante sept façons d'obtenir le comique, et on en est réduit, après avoir étudié ce qui pousse au rire, à démêler les enseignements que contient le rire lui-même.

Un aventurier italien, qui se donnait le nom de l'abbé Domascène, publia en 1562, à Orléans, un *Traité* où il classe les divers tempéraments des hommes d'après la manière dont ils rient :

Hi, hi, hi, indique des dispositions mélancoliques.

He, he, he, symptôme d'un tempérament phlegmatique.

Ho, ho, ho, est particulier aux gens sanguins.

Tout ingénieuse qu'elle soit, cette méthode de classer les tempéraments n'a pas prévalu dans la science médicale, et je lui préfère les croquis suivants d'après le *Traité des Ris* de Joubert, à qui je reviens :

« An l'espèce des hommes il y ha autant de visages différans qu'il y ha de figures au monde ; autant de diversités tant au parler que à la vois, et autant de divers ris. Il y an ha que vous diriés quand ils rient que ce sont oyes qui sifflent et d'autres que ce sont des oysons gromelans. Il y en ha qui rapportent au gémir des pigeons ramiers ou des tourtorelles an leur viduité ; les autres au chat huant, et qui au coq d'Inde, qui au paon ; les autres resonnent un piou piou à mode de poulets. Des autres, on diroit que c'est un cheval qui hanit, ou un ane qui brait, ou un porc qui grunit, ou un chien qui jappe ou qui s'étrangle ; il y an ha qui retirent au son des charretes mal ointes, les autres aus calhous qu'on remue dans un seau, les autres à une potée de chous qui bout. »

Comparaisons imagées dont il faut tenir compte à Joubert qui a à répondre vis-à-vis de la langue de ses réformes d'orthographe.

Avec les philosophes, on doit mettre en cause les médecins qui ont étudié le rire d'une façon à tenter un Molière :

Physiologia crepitus ventris et risus, cum ritu depositionis scholasticæ, par Rodolphus Goclenius. (Francfort, 1607, in-12.)

O l'amusant portrait qui me tente, mais ce n'est

pas le lieu, que celui d'un cuistre frotté d'esthétique interrogeant son élève sur la façon dont il rit !

Il ne manquerait pas d'abord d'appeler à son aide Vivès :

« *Et ego ad primam et alternam buccam, quam sumo a longa inedia, non possum risum continere : videlicet contracta præcordia dilatantum ex cibo.* »

Lorsque le célèbre Vivès n'avait pas mangé depuis longtemps, la première bouchée le faisait rire, son diaphragme se dilatant sous l'impression des aliments.

Également le cuistre invoquerait celui à qui on chatouille les hypocondres ou la plante des pieds, et il ferait remarquer la différence qui existe entre le rire de l'homme chatouillé et le sourire d'une jolie femme.

Gravement il démontrerait que le rire est quelquefois un signe d'inintelligence, diverses personnes riant pour avoir l'air de comprendre un langage qui leur échappe ; et il conseillerait à son élève de prendre pour modèles ces hommes sérieux que les Grecs appelaient l'ἀγέλαστοι, parce qu'ils ne riaient jamais.

A l'aide des médecins, le cuistre noterait les phénomènes dans les organes respiratoires et vocaux amenés par le rire ou le sourire. Quand la langue et les muscles de la poitrine sont en jeu, c'est rire ; si la respiration n'est pas interrompue, c'est sourire. Veines gonflées, larmes qui coulent : rire. L'organisme n'est pas troublé : sourire.

Nécessairement le professeur d'esthétique s'appuierait sur d'anciens auteurs qui, dans leurs ouvrages sur le rire, ont expliqué en différents endroits :

« Commant le diaphragme est ébranlé par le ris.

« Commant par les ris est agitée la poitrine et d'où vient la voix autrerompue.

« D'où procède l'ouverture de bouche, l'alongissement des laivres et l'élargissement du manton.

« Commant par le ris se font des rides au visage, mesmemant à l'antour des yeus.

« D'où procèdent que les yeus étincellent et pleurent.

« De la douleur qu'on sant au ventre par trop rire.

On n'en finirait avec les philosophes et les esthéticiens que par une bonne scène de comédie, car à force de vouloir expliquer les causes et les effets du rire, ils en arrivent à faire pleurer.

Aristote, quoiqu'il ne reste que des commentaires tronqués qu'on suppose faire partie de *la Poétique*[1], est plus clair.

Suivant lui le comique consiste dans : le risible de la diction (ἀπὸ τῆς λέξεως) ; la répétition des mêmes paroles (κατ' ἀδολεσχίαν) ; dans un surnom

[1] *Scholia Græca in Aristophanem*. Édit. Dübner Paris. 1855.

(κατὰ παρωνυμίαν) ; dans une altération des mots (ἐξαναλλαγὴν) ; dans une métaphore (κατὰ σχῆμα τοῖς ὁμογενέσι γιγνόμενον) ; dans la duperie (ἀπάτη) ; dans le travestissement (ὁμοίωσις) ; dans des manières triviales et des gestes grossiers (ἐκ τοῦ χρῆσθαι φορτικῇ ὀρχήσει), etc.

A l'aide de ces fragments d'Aristote on suit la trace du comique dramatique chez les anciens : répétitions des mêmes paroles, surnoms, tromperies, travestissements, imitations de la nature triviale qui furent, sont restés et resteront toujours les bases du comique.

Si on en excepte Aristote dans l'antiquité, Jean-Paul Richter dans le moderne, en Angleterre, un Fielding qui se plaît à expliquer les rouages secrets de ses drames et de ses caractères, vaine science que celle que les rhéteurs ont cru tirer du comique.

Un pitre de place publique, un charlatan dans sa voiture, un faiseur de parade sur des tréteaux, un bouffon de petit théâtre, un caricaturiste ignorant, s'ils n'apprennent pas au public pourquoi il rit, arrivent plus vite à un meilleur résultat. Ils brûlent les causes et font flamber les effets ; un geste, une grimace, un trait de crayon suffisent.

Il existe au musée de Naples une fresque, trouvée à Pompéi, de la série représentant les jeux des enfants.

Trois petits amours ailés sont entrés dans un appartement et figurent l'enfance curieuse, cherchant dans les coins des maisons quelque objet de forme nouvelle pour le faire servir à un jeu.

Une porte est ouverte; un enfant arrive de la chambre voisine, tenant à la main un énorme masque comique derrière lequel il cache sa mine éveillée.

Ses deux petits compagnons poussent des éclats de joie et l'un des amours ailés en rit tellement qu'il se renverse sur un banc dans des émois d'hilarité considérable.

Ce qui cause cette gaieté, ce n'est pas :

« La délivrance de l'absolu captif dans le fini; »

Non plus « la réalité sans idées et contraire aux idées; »

Encore moins « la résolution soudaine d'une attente en rien. »

« Laideur vaincue; »

« Beauté renaissant de sa propre négation; »

« Négation de la vie infinie; »

« Subjectivité qui se met en contradiction avec elle-même; »

« Dieu riant de l'univers; »

« L'univers riant de Dieu. »

Toute cette litanie tudesque de phrases à l'envers, de mots détournés de leur sens, de lettres tourbillonnant dans l'épais cerveau de buveurs de bière ne valent pas un masque antique.

Un masque fait mieux comprendre la nature du comique chez les anciens que tant de traités, tant de commentaires, tant de livres faits avec d'autres livres, tant de redites, tant de lourdes inutilités, tant de creux et vains mots de la philosophie allemande.

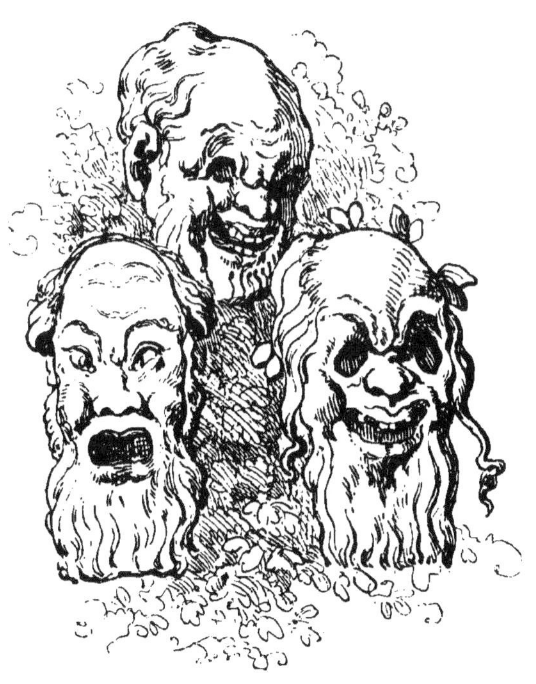

XXIV

HUMOUR ET ARCHÉOLOGIE.

Il advint sous la Restauration qu'un archéologue fit un chemin rapide, encore plus par la fréquentation du monde que par la science. Les érudits qui passent leur vie dans leur cabinet, le front courbé sur les livres, se gendarmèrent contre ce brevet de savant que les salons, d'un commun accord, décernaient à un homme d'esprit qui savait allier le charme des rapports sociaux aux exigences de l'étude.

Ce fut une grêle d'attaques dirigée par M. L..... et ses amis contre l'aimable savant M. R..... R.....

Il commit sans doute quelques fautes archéologiques! On les releva sévèrement, comme si les savants n'étaient pas exposés tous les jours à une multitude de péchés véniels que l'érudition doit pardonner.

Mais le chemin qu'avait suivi M. R..... R..... pour arriver aux honneurs et à la fortune, à une chaire publique et au fauteuil de l'Institut, avait été trop doux pour que ses adversaires n'y jetassent quelques pierres.

Nécessairement, les Allemands se mêlèrent à la lutte : du côté de l'exactitude des textes (à moins que l'idéal ne les emporte dans l'inexactitude), ils sont gens à écrire un volume de huit cents pages sur un tréma oublié. Et toute occasion, ils la saisissent avec joie pour faire pièce à la légèreté française.

En 1829 fut publiée une brochure anonyme avec le titre suivant : *Quelques mots sur une diatribe anonyme intitulée : Quelques voyages récents dans la Grèce à l'occasion de l'expédition scientifique de la Morée et insérée dans* l'Universel *des 6 janvier et 26 mars* 1829. (Paris, Féret, in-8.)

Un long titre qui sent son Allemagne. Mais le plus curieux n'était ni dans le titre ni dans la brochure. La grosse machine de guerre se cachait sous une vignette, d'après un vase grec antique. Cette image représentait une Renommée fuyant les poursuites d'un homme, et la Renommée, lui faisant un geste de mépris, confirmait les caractères grecs peints en exergue au-dessous de la scène.

Ἑκὰς παῖ καλέ, « Loin de moi, bel enfant! » s'écriait-elle.

Ce dessin donna lieu à plus d'un commentaire; les véritables érudits s'étonnant qu'une Renommée antique pût faire à un poursuivant affamé de gloire un geste qui était alors de mode seulement aux Funambules.

On dit qu'un archéologue absorbé par les recherches fit une grave dissertation sur ce singulier dessin; mais les hommes d'esprit, on en compte quelques-uns en science, s'égayèrent fort de cette parodie qu'on attribua généralement au baron de Stackelberg.

Pour un Allemand, la caricature était spirituelle. M. R..... R..... poursuivant la Renommée n'eût-il pas été reconnaissable à ses fameux favoris taillés à la mode du temps, que des initiales gravées dans un coin du dessin ne laissaient aucun doute à son endroit.

Tout le monde d'alors rit de la mystification, et l'inscription : *Loin de moi, bel enfant*, eut un grand succès dans les salons même où l'élégant membre de l'Institut était le plus en faveur.

Nécessairement M. R..... R..... ne répondit pas : c'eût été se reconnaître. Il fit mieux; en une huitaine tous les exemplaires de cette médisante brochure disparurent du commerce. Et je n'aurais pu faire mention d'un si piquant opuscule sans la bienveillance du secrétaire perpétuel de l'Institut, M. Beulé, qui voulut bien me permettre de prendre connaissance d'un pamphlet qu'il est un des rares à posséder.

Qui avait raison du baron de Stackelberg ou de M. R..... R.....? Tel n'est pas l'objet de ce chapitre.

Au moment de terminer l'*Histoire de la Caricature antique*, je suis pris à mon tour d'une certaine terreur.

Plus une œuvre a été méditée, plus elle laisse de troubles dans l'esprit de celui qui s'en sépare : c'est une mère de famille qui envoie son fils à Paris et qui craint pour lui les dangers de la capitale; c'est une œuvre dramatique qui, composée dans le cabinet, a paru à l'auteur une merveille d'esprit, et qui, à peine est-elle lue aux comédiens, semble déjà maussade, grise et terne.

En relisant pour la dixième fois peut-être les épreuves, je me dis combien il reste à faire encore, combien de points d'interrogation restés sans réponse, combien chaque époque d'un art si peu connu demanderait de savants spéciaux, combien l'érudition laisse de points obscurs, et là où il eût fallu allumer des torches flamboyantes, je n'ai guère eu à ma disposition qu'un pauvre petit rat, qui jette d'indécises et tremblotantes lueurs.

J'ai travaillé en érudit et non en vaudevilliste. Les bibliothèques m'ont vu pendant des années entrer gaiement et sortir soucieux, accablé de lectures. Et pourtant, je me demande si l'antiquité ne me dira pas à moi aussi :

— Loin d'ici, méchant enfant !

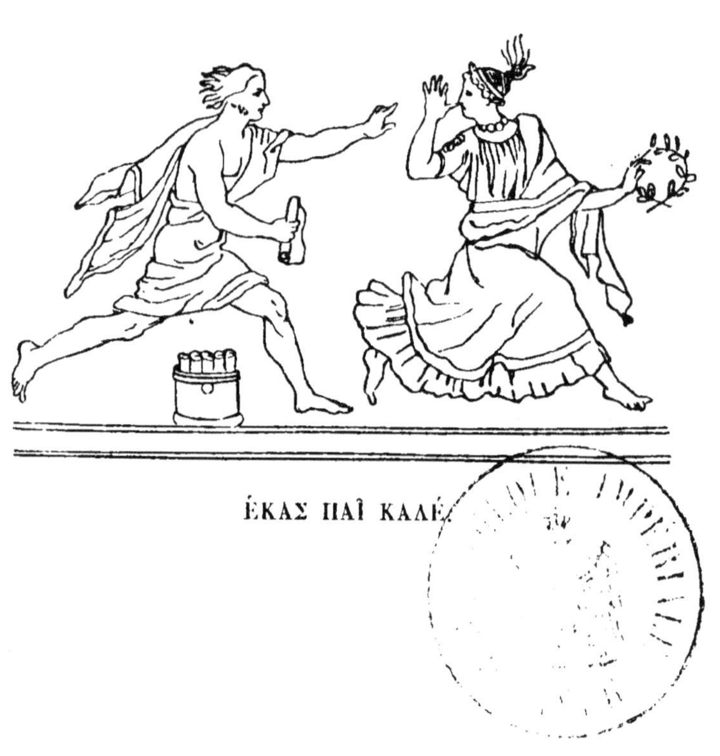

ÉKAΣ ΠAÎ KAΛÉ.

FIN.

TABLE ANALYTIQUE

DÉDICACE.

PRÉFACE.

CHAPITRE PREMIER.

LES ASSYRIENS ET LES ÉGYPTIENS ONT-ILS CONNU LE COMIQUE?

CHAPITRE II.

PREUVES QUE LES ÉGYPTIENS SE SONT SERVIS DE L'ART SATYRIQUE.

CHAPITRE III.

ARISTOTE ENNEMI DU SATYRIQUE.

CHAPITRE IV.

LE PEINTRE PAUSON.

CHAPITRE V.

PEINTRES DE SCÈNES DOMESTIQUES, D'ANIMAUX, DE PAYSAGES, ETC.

CHAPITRE VI.

PEINTRES COMIQUES.

CHAPITRE VII.

DE LA CARICATURE PROPREMENT DITE, L'ATELIER DU PEINTRE.

CHAPITRE VIII.

PARODIE D'ÉNÉE ET D'ANCHISE.

CHAPITRE IX.

GRYLLES.

CHAPITRE X.

CAPRICES ET CHIMÈRES.

CHAPITRE XI.

ANTHOLOGIE, LUMIÈRE DANS LA QUESTION.

CHAPITRE XII.

CARICATURE DE CARACALLA.

CHAPITRE XIII.

VASES ANTIQUES.

CHAPITRE XIV.

ÉTROITE COUTURE DE L'HOMME ET DE L'ANIMAL.

CHAPITRE XV.

PRIAPE.

CHAPITRE XVI.

CE QU'ON PEUT PENSER DE LA REPRÉSENTATION GROTESQUE D'UN POTIER.

CHAPITRE XVII.

LA LÉGENDE DES PYGMÉES.

CHAPITRE XVIII.

PRÉEXCELLENCE DE LA SATYRE ÉCRITE DANS L'ANTIQUITÉ.

CHAPITRE XIX.

GRAFFITI.

CHAPITRE XX.

CARICATURE DU CHRIST.

CHAPITRE XXI.

CARICATURES GAULOISES.

CHAPITRE XXII.

LE DIEU RISUS.

CHAPITRE XXIII.

DU RIRE.

CHAPITRE XXIV.

HUMOUR ET ARCHÉOLOGIE.

PARIS. — IMP. SIMON RAÇON ET COMP., RUE D'ERFURTH, 1

www.ingramcontent.com/pod-product-compliance
Lightning Source LLC
LaVergne TN
LVHW020620110826
845149LV00002B/540

* 9 7 8 2 3 2 9 2 9 4 9 8 8 *